REDLINE WIRTSCHAFT
bei ueberreuter

Bernd Görner
Gerhard Necker

Bauernregeln für Führungskräfte

REDLINE WIRTSCHAFT
bei ueberreuter

Die Deutsche Bibliothek – CIP-Einheitsaufnahme

Görner, Bernd
Bauernregeln für Führungskräfte
Bernd Görner / Gerhard Necker. –
Frankfurt/Wien: Redline Wirtschaft bei Ueberreuter, 2002
ISBN 3-8323-0907-1

Unsere Web-Adressen:

http://www.redline-wirtschaft.de
http://www.redline-wirtschaft.at

1 2 3 / 2004 2003 2002

Umschlag: INIT, Büro für Gestaltung, Bielefeld

Druck: Druckerei Theiss GmbH, A-9431 St. Stefan
Printed in Austria

Inhalt

Vorwort 11

Vom Säen und Ernten, vom Investieren und Sparen 13

Nicht jeder Abgrund hat ein Geländer 14

Großvieh braucht viel Futter 16

Was man an der Saat spart, verliert man an der Ernte 18

Je mehr einer trinkt, desto mehr dürstet ihn 20

Die Zeit bringt die Frucht, nicht der Acker 22

Vom Regieren und Teilen, vom Führen und Leiten 25

Wer will wohl und selig sterben, lass sein Gut den Rechten erben 26

Es ist nicht gut, wenn viele regieren. Das Ruder soll nur einer führen 28

Wo die Herren raufen, da müssen die Bauern Haare lassen 30

Höflich und bescheiden sein, kostet nichts und bringt viel ein 32

Die Kette ist immer so stark wie ihr schwächstes Glied 34

Das Schaf ist verloren, das sich beim Wolf Rat holt 36

Auf einem geschundenen Gaul reitet man nicht weit 38

Ein Löffel voll Tat ist besser als ein Scheffel voll Rat 40

Eine Geiß, die man anbindet, muss man auch hüten 42

Wer sein Feld in gutem Stand will sehen, muss täglich selber darauf gehen 44

Am Ferkel wird gerochen, was die Sau verbrochen 46

Wer Disteln sät, wird Stacheln ernten **48**
Das Schaf, das am meisten blökt, gibt die wenigste Milch **50**
Mit den Alten soll man ratschlagen, mit den Jungen fechten **52**
Das Auge glaubt sich selbst, das Ohr den anderen Leuten **54**
Arbeit ist beschwerlich, aber ehrlich **56**
Aller Leute Freund, jedermanns Narr **58**
Mit Fragen kommt man durch die ganze Welt **60**
Ein guter Hirt schert seine Schafe, ein schlechter zieht ihnen das Fell über die Ohren **62**
Breite Äcker werden schmal, so man sie teilet mit der Zahl **64**

Vom Werken und Schaffen, von Plänen und Projekten **67**

Jeder Apfel hat einen Wurm ... **68**
Därme sind noch keine Würste **70**
Wer deutlich spricht zur rechten Zeit, spart Kosten sich und Streitigkeit **72**
Aus Eiern entspringt nicht Vierfüßiges **74**
Übel begonnen – Unheil gewonnen **76**
Die nur ein Schaf haben, reden am meisten vom Wollmarkt **78**

Von Dornen und Unkraut, vom Sprechen und Wirken **81**

Distel und Dornen stechen sehr, falsche Zungen noch viel mehr **82**
Eine Lüge schleppt zehn andere nach sich **84**
Wenn der Gärtner schläft, pflanzt der Teufel Unkraut **86**
Es schlafen nicht alle, die die Augen zu haben **88**
Vom Hörensagen wurde schon manchem aufs Maul geschlagen **90**
Der Bauer ist aus dem Haus, aber der Gestank ist geblieben **92**

Wer den Mund spitzt, muss auch flöten **94**
Vorher Bescheid, nachher kein Streit **96**
Mit dreckigem Wasser kann man sich nicht sauber waschen **98**

Von Ruhe und Arbeit, von Tagesplan und Terminwahl **101**

Gut vorbedacht – bald gemacht **102**
Ein Weiser sieht am Abend schon, wie's am Morgen wird **104**
Ein Schaf auf dem Berge hält die Ochsen im Tal für Zwerge **106**
Einen Baum, der zu sehr ins Laub treibt, muss man beschneiden **108**
Ist schwierig der Fall, beschlaf ihn einmal **110**
Es ist nicht ein Tag wie der andere **112**
Jag du die Arbeit, sonst jagt sie dich **114**
Eine stumpfe Axt fällt keine Eiche **116**
Es jedem recht machen zu wollen, ist der sichere Weg es keinem recht zu machen **118**
Glück erwirbt Freunde, Unglück bewährt sie **120**
Die Kutte macht noch keinen Mönch **122**
Mancher Mann gibt guten Rat, der für sich selber keinen hat **124**

Vom Warten und Reiten, von Zielen und Siegen **127**

Es gelingt, wonach man ringt **128**
Mancher wähnt sich im Sattel und hat noch keinen Fuß im Bügel **130**
Beharrlichkeit vermag alles **132**
Wer zwei Wege gehen will, muss zwei lange Beine haben **134**
Man muss dem lieben Herrgott helfen, gutes Korn zu machen **136**
Es regnet nicht aus jeder Wolke **138**
Wo das Glück einkehrt, da klopft auch der Neid an **140**

Man kann nicht zugleich satteln und reiten 142
Auch nach einer schlechten Ernte muss man wieder säen 144

Vom Wachsen und Gedeihen, von Motivation und Gelingen 146
Das Fallen ist keine Schande, aber das Liegenbleiben 148
Lobe die Faulen, so werden sie flink 150
Lust und Liebe zum Ding machen Müh und Arbeit gering 152
Wenn die Maus voll ist, ist das Mehl bitter 154
Eine Pflanze, die oft versetzt wird, gedeiht nicht 156
Auf einem kleinen Feld wächst auch gutes Korn 158
In jedem Bauernhaus findet man ein Nudelbrett und eine Ausrede 160
Einem schweigendem Hund ist nicht zu helfen 162
Ein Baum, der dies' Jahr ruht, trägt das nächste doppelt gut 164
Es findet sich alles in der Ernte, was und wie einer gesät hat 166

Von Ochsen und Eseln, von Konflikten und Lösungen 169
Ackern und düngen ist besser als beten und singen 170
Jeder miste seinen eigenen Stall 172
Es ist ein Esel, der mit einem Esel streitet 174
Du suchst im Busch, in dem du hockst, gerne einen anderen Ochs' 176
Wer's Wetter scheut, kommt niemals weit. 178
Auch Fliegen haben ihre Galle 180
Ein Bach ist leichter aufzuhalten als ein Strom 182
In Not und Gefahr sind Freunde rar 184
Kleine Äste geben auch Feuer 186
Ein aufrichtiges Donnerwetter ist besser als ein falsches Vaterunser 188

Eine Maus, die sich retten will, ist nicht wählerisch in den Löchern **190**
Einem fliehenden Feind bau' eine goldene Brücke **192**

Von Sätteln und Betten, von Mitarbeitern und Möglichkeiten **195**

Die Wurzel muss den Stamm ernähren und Nahrung ihr der Stramm gewähren **196**
Besser biegen als brechen **198**
Grobe Säcke kann man nicht mit Seide nähen **200**
Ein goldener Sattel ist viel wert, aber er macht aus einem Esel noch kein Pferd **202**
Wer sich ertränken will, findet überall Wasser **204**
In großen Wassern fängt man große Fische **206**
Wie man sich bettet, so liegt man **208**
Kein Sattel passt auf jeden Rücken **210**
Auf einen schiefen Topf gehört ein schiefer Deckel **212**
Jenseits des Baches wohnen auch Leute **214**

Vom Schürfen und Schütteln, vom Prüfen und Fördern **217**

Im Untergrunde liegt das Gold **218**
Man kann die Birke noch so lange schütteln, es fallen keine Nüsse herab **220**
Man kauft die Katze nicht im Sack **222**
Da ist gut Fuhrmann sein, wo es eben geht **224**
Alter Speck macht fette Suppen **226**
Aus einem Ackergaul man macht kein Rennpferd **228**
Beneide nie den ersten, denn der hat es am schwersten **230**

Vorwort

Was passiert, wenn ein Kommunikationstrainer und ein Personalmanager sich für einen Abend verabreden? Man isst schön miteinander, trinkt einen guten Wein, spricht über dies und das, vielleicht über die Familie und über Reisen, die man in der letzten Zeit unternommen hat, vielleicht über Pläne, die immer noch nicht verwirklicht werden konnten und landet dann zu späterer Stunde vor dem Kamin. Die Holzscheite knacken im Feuer und der Wein schimmert dunkelrot in den Gläsern. Die Themen werden tiefgründiger und die Gedanken gewichtiger. Man spricht über die Wirtschaftslage, die politischen Aussichten, das Unternehmen, über Erfolge und Misserfolge, über Verständnis und Missverständnisse, über Ideen, wie alles besser werden könnte.

Irgendwann steht ein Satz im Raum: „Es könnte alles so einfach sein, wenn die Menschen sich an ein paar ganz simple Grundregeln halten würden!“ Man entkorkt noch eine Flasche von dem guten „Roten“, ein Wort ergibt das andere und eine Idee ist geboren: Warum sich nicht von den alten Weisheiten unserer bäuerlichen Vorfahren inspirieren lassen und diese Inspirationen in Form eines Buches weitergeben?

Bauernregeln gibt es seit Menschengedenken. Ihre Ursprünge lassen sich zum Teil bis weit vor Christus zurückverfolgen. Die meisten Sprüche stammen allerdings aus dem 13. und 14. Jahrhundert und beruhen auf Naturphänomenen und zwischenmenschlichen Gegebenheiten. Mit ihnen schufen sich unsere Ahnen Hilfe und Regeln, die ihnen halfen, sich besser in ihrer einfachen und bäuerlichen Umgebung zurechtzufinden. Viele dieser Redensarten sind nicht nur von meteorologischer Bedeu-

tung, sondern voller Lebensweisheit. Komplexe menschliche Verhaltensweisen werden durch sie auf einen ganz einfachen Nenner gebracht.
Modernes Management ist geprägt von Begriffen wie Corporate Identity, Innovationsdruck, Cross Marketing, Technologietransfer usw. Moderne Personalführung von Ausdrücken wie Employability, kreatives Potential, Konfliktmanagement, Schlüsselkompetenz etc. Die Unternehmenswelt und ihre Sprache ist kompliziert geworden.
Auf den ersten Blick!
Wenn man genau hinschaut, sind es doch immer wieder Menschen mit Ecken und Kanten, die sich hinter diesen Begriffen verbergen. Menschen wie du und ich, wie man so schön sagt, die dafür sorgen, dass neue Ideen entwickelt, neue Geschäftsfelder erschlossen werden, Firmen fusionieren oder andere sich in einzelne Geschäftsfelder aufteilen.
Wir wollen eine Brücke schlagen zwischen diesen beiden so scheinbar gegensätzlichen Welten: der einfachen, menschlichen, bäuerlichen von damals und der komplexen unternehmerischen von heute. Es hat sich viel verändert in den letzten Jahren und Jahrhunderten. Das Zeitalter der Industrialisierung mit seinen Bewusstseinsveränderungen ist längst abgelöst worden durch das Informationszeitalter mit seinen elektronischen Möglichkeiten, schnell und über große Distanzen zu kommunizieren. Das menschliche Verhalten ist jedoch in seinem Kern gleich geblieben. Es werden immer noch Fehler gemacht, die vermeidbar wären, wenn man einige Gesetzmäßigkeiten beachten würde, die einer alten Logik folgen. Der Kontext und die Rahmenbedingungen haben sich verändert, der rote Faden der Menschlichkeit zieht sich von damals bis in die Gegenwart.
Wir möchten Sie gerne einladen, sich mit uns an den Kamin zu setzen und an unserem Erfahrungsschatz und unseren – teils persönlichen – Geschichten teilzuhaben. Lassen Sie sich von diesen alten Weisheitssprüchen inspirieren, das (Arbeits-)Leben ist manchmal einfacher, als Sie denken!

Vom Säen und Ernten, vom Investieren und Sparen

Nicht jeder Abgrund hat ein Geländer

Geht es Ihnen auch so? Der Wirtschaftsteil von Tageszeitungen erscheint manchmal wie die Berichterstattung über dunkle Machenschaften in einer verräucherten Spielhölle. Da wird gespielt, gezockt, verwettet, in Pfand gegeben, geblufft und mit gezinkten Karten gespielt. Irgendwie scheint alles möglich zu sein mit einer Portion Dreistigkeit und waghalsigem Vorpreschen.

Hohe Abfindungssummen, die in Wirtschaft und Politik an vorzeitig ausscheidende Führungskräfte gezahlt werden, machen es geradezu attraktiv, Fehler zu machen. Ein Scheitern auf dieser Ebene hat oft gar keine persönlichen Konsequenzen, im Gegenteil, manch einer hat sogar Vorteile. Was soll denn schon passieren? Der tägliche Drahtseilakt scheint doppelt und dreifach mit Netzen abgesichert. Risikofreude ist zu einem Markenzeichen geworden, das unternehmerische Qualität verspricht. Neuer Markt und New Economy haben jedoch bewiesen, dass nicht jeder risikoreich gepflanzte Baum auch längerfristig die erhofften Früchte trägt.

Sicher ist es notwendig, um ein Unternehmen weiterzubringen auch gewisse Risiken einzugehen. Es ist aber auch wichtig, die Risikofaktoren genau abzuwägen, die Marktlage zu prüfen und das Potential der eigenen Unternehmung einzuschätzen. Der Traum vom großen, schnellen Erfolg hat in den letzten Jahren viele „Kamikaze-Manager" auf den Plan gerufen, die so überzeugt waren von ihren Ideen, dass jede Möglichkeit eines Scheiterns von vorneherein ausgeschlossen war. Umsätze und Belegschaft ihrer Unternehmen explodierten häufig zunächst regelrecht.

Oft folgte der Börsengang mit all seinen Konsequenzen, um das nötige Kapital für weitere Expansionen zur Verfügung zu haben. Die Unternehmen wuchsen und wuchsen, ohne dass die Führungsriegen auch mitgewachsen wären. Das Nachsehen hatten im Falle des Scheiterns die Mitarbeiter und Aktionäre, die mit in den Abgrund gerissen wurden. Die Führungsetage hatte dann meistens „ihre Schäfchen im Trockenen".

What to do?

Vergessen Sie nie: Sie tragen die Verantwortung nicht nur für sich selbst sondern auch für die Menschen, die Sie für ihre Projekte und Pläne begeistern und die auch ihren Einsatz auf dem Tisch liegen haben. Seien sie mutig in der Umsetzung Ihrer Ideen, bewahren Sie sich aber vor Übermut!

Großvieh braucht viel Futter

Als unsere Nachbarn noch ihren Dackel hatten, da war die Welt noch in Ordnung. Herr M. führte das Hündchen morgens und abends aus und über Tag ließ seine Frau den kleinen Kläffer in den Garten. Lumpi hatte seinen Fressnapf in der Küche, wo er unter dem kleinen Beistelltischchen kaum auffiel. Doch dann starb Lumpi (aufgrund der vielen Butterkekse, die ihm sein Herrchen immer mal wieder zugesteckt hatte) und ein neuer Hund musste her, der die entstandene Lücke im Familienverband schließen sollte. Er sollte ganz anders sein, weil die Erinnerung an den toten Liebling noch zu frisch war. Man entschied sich für einen Riesenschnauzer, der dann auch gleich auf potentielle Einbrecher den richtigen – weil abschreckenden – Eindruck machen konnte. Mit Butterkeksen kam Herr M. nun nicht mehr weit (außerdem hatte er durch den tragischen Todesfall gelernt) und auch die kleinen Hundefutterdosen verschwanden aus der Wohnung und wurden durch Trockenfuttersäcke ersetzt, für die man im Keller extra ein Regal frei räumte. Der viel größere Hundnapf ließ sich nun auch nicht mehr dezent unter dem Beistelltischchen in der Küche unterbringen und thronte fortan im Flur. „Der frisst uns noch die Haare vom Kopf", bemerkte Herr M. hin und wieder über den Zaun zu mir. Es schien, als hätte er die Konsequenzen der Neuanschaffung nicht recht bedacht.

Auch bei Investitionen oder Großaufträgen im Unternehmensbereich passiert es immer wieder, dass man die Folgen für die Firma nicht bis ans Ende gründlich genug übersieht und überdenkt. Ein verlockender Großauftrag, der die personellen und materiellen Kapazitäten überfordert, kann beispielsweise eine Firma ganz schnell in große Schwierigkeiten bringen, wenn Termine nicht eingehalten werden können oder wenn für die Materialbeschaffung nicht die ausreichende Liquidität vorhanden ist. Aus einem großen Traum kann auf diese Weise ganz schnell ein kleiner Alptraum werden. Vertragsstrafen und Verzugszinsen sind in Kostenvoranschlägen nie berücksichtigt und schlagen aber dann ganz heftig zu Buche.

What to do?

Wenn Ihrem Unternehmen ein verlockender „Riesenschnauzer" angeboten wird, dann überlegen Sie gut, ob er die richtige Größe für Ihr Unternehmen hat. Können Sie Personal-, Zeit- und Kostenaufwand tragen, die seine „Haltung" erfordert? Und falls Sie Entscheidungshilfe benötigen, dann fragen Sie doch Herrn M. Der ist Experte und kann Ihnen mit Rat und Tat zur Seite stehen...

Was man an der Saat spart, verliert man an der Ernte

Diese Bauernregel hat für mich in vielen Bereichen eines Unternehmens Gültigkeit. Die Saat sind die Investitionen, die ein Unternehmen tätigt, die Ernte der Reinerlös, der am Jahresende übrigbleibt. „Je niedriger die Investitionskosten, desto höher der Gewinn“, sagt so manch einer in unseren cashflow-orientierten Zeiten, der nur die Jahresabschlusszahlen im Kopf hat, sich aber nicht überlegt, wie der Weg bis dahin ist. Man kann auch am falschen Ende sparen. Mancher Sparstrumpf ist schon löchrig vom vielen Sparen und so manches Gesicht dann lang, wenn er am Jahresende nicht so prall gefüllt ist wie erwartet. Dabei denke ich nicht einmal an die großen Investitionen wie zum Beispiel den Kauf von Maschinen, mit denen man eine berechenbare Stückzahl von Teilen produzieren kann, deren Verkauf dann anschließend wieder Geld in die Kasse bringt. Ich denke vielmehr an die kleineren Ausgaben, die keine unmittelbar zu berechnenden Folgen haben, wie beispielsweise Büroausstattung, Büromaterial, Weiterbildung oder Vergünstigungen für Mitarbeiter. So lange es einem Unternehmen wirtschaftlich gut geht, gehen sie oft im alltäglichen Geschäft einfach unter und keiner denkt über sie nach. Sobald aber die Umsatzzahlen nicht mehr der Erwartung entsprechen, wird angefangen zu rechnen und zu prüfen, wo man denn einsparen könnte. Dann fallen Zulagen weg, Weihnachtsfeiern finden nicht mehr statt, abgerammte Schreibtische, die dringend ersetzt werden müssten, werden weitergenutzt, Büros, die für zwei Mitarbeiter ausgerichtet waren, werden plötzlich von drei oder vier Kollegen „bevölkert“ usw. Dies alles sind keine Maßnahmen, die

Mitarbeiter dazu anregen könnten, effektiver zu arbeiten. Und gerade das wäre vielleicht notwendig, um wieder Wind in die Segel zu bekommen. Aber genau das Gegenteil passiert. Zur Streichung der Vergünstigungen kommt auch noch eine Verschlechterung der Arbeitsbedingungen. Schlecht gelaunte Menschen in engen Büros werden Mühe haben, an hässlichen Schreibtischen ihre Potentiale zu entfalten und gute Ergebnisse zu erarbeiten. Mitarbeiter sind auch Betriebskapital!

What to do?

Sparen Sie nicht am falschen Ende. Lassen Sie sich im Zweifelsfall beraten. Nicht jeder Strich mit dem Rotstift verhindert am Jahresende auch „rote Zahlen“.

Je mehr einer trinkt, desto mehr dürstet ihn

Man kann es auch das „Häwelmann-Prinzip" nennen: Da hat einer etwas erreicht, wurde beschenkt mit Aufträgen, exzellenten Mitarbeitern und einem guten Standort und will trotzdem immer mehr. Kennen Sie Theodor Storms Geschichte vom unersättlichen „kleinen Häwelmann", der immerzu „Mehr, Mehr!" rief und am Ende gar nichts bekam?

Es gibt in unserer heutigen Zeit viele Menschen, die in einem Grundzustand der Unzufriedenheit leben, obwohl es ihnen eigentlich nicht schlecht geht. Im Privaten ist es jedermanns eigene Sache, wie tief er in die Vollen greift und wie wenig er daran denkt, auch einmal einzuhalten und vielleicht einfach das Erreichte zu genießen. In einer verantwortlichen Position ist es jedoch wichtig, auch mit den Kräften seiner Untergebenen zu haushalten. Immer mehr zu wollen und einen immer größeren Durst zu entwickeln, zeigt, dass wir uns mit allen unseren Sinnen nur noch in der Zukunft und nicht im Hier und Jetzt bewegen. Eine Planung ist kaum abgeschlossen und schon denken wir parallel über drei weitere nach. Das (Arbeits-)Leben wird zur Hetzjagd nach Erfolgen, die, nachdem sie einmal errungen sind, gar nicht mehr zählen, weil wir uns (und unseren Mitarbeitern!) bereits die nächsten Aufgaben gestellt haben.

„Ich hatte das Gefühl, ich müsste die Woge ausnutzen und Wellenreiter spielen", berichtete ein befreundeter Jungunternehmer nach einem Zusammenbruch, den er nach einigen Jahren geleisteter Siebzigstundenwochen erlitten hatte. Während des anschließenden Zwangsurlaubes in der

Reha-Klinik hatte er ausreichend Zeit über den zurückliegenden und weiteren Verlauf seines Lebens nachzudenken. „Es war wie ein Wahn. Ich wollte auf immer höheren Wellen reiten.“

Diese Art von Unersättlichkeit hat offenbar einen extremen Sog, dem sich viele nicht entziehen können. Man „leckt Blut“, eine Gier setzt ein, die scheinbar nicht oder nur kurz zu befriedigen ist. Der Sack soll immer voller werden. Die Gefahr dabei ist, dass wir vielleicht gar nicht bemerken, dass er löchrig ist und das, was wir oben hineinschaufeln, unten herausrieselt und auf der Strecke bleibt. Wir halten nicht mehr inne und betrachten uns, wo wir stehen, welche Strecke wir zurückgelegt haben und wo wir eigentlich hinwollen, sondern befinden uns auf der „Droge Erfolg“.

Wer unter Drogen steht, kann aber keine Verantwortung übernehmen – weder für sich noch für andere.

What to do?

Wer schon einmal einen Rausch hatte, der kennt die Folgen: Man verliert den klaren Blick für sich und seine Umgebung und oft gibt es ein „böses Erwachen“ und einen „dicken Kopf“.

Die Zeit bringt die Frucht, nicht der Acker

Das wussten bereits unsere Urahnen, dass das Korn nicht schneller wächst, bloß weil man an den Halmen zieht. Aber wir wollen es ja manchmal nicht glauben, denn sonst würde sich ja nicht die Unsitte halten, dass wir an Menschen und Dingen ziehen und zerren, nur um vermeintlich schneller zum Erfolg zu kommen. „Gut Ding will Weile haben“, meinte Großmutter immer und legte ein Tuch über die Schüssel mit dem Hefeteig. Für mich als Kind brauchte der Teig unsagbar lange, bis er „gegangen“ war und ich ihn als Kuchen essen konnte. Ich war ungeduldig und wollte, dass „es“ schneller geht.

Später im Arbeitsleben ging es mir zunächst nicht anders. Ich wollte Dinge „endlich vom Tisch haben“, schnelle Ergebnisse sehen. Erst mit der Zeit habe ich begriffen, dass auch bei der Arbeit Projekte reifen müssen, bevor sie weiter bearbeitet werden können. Ich glaube, es gibt viele Menschen, denen es ähnlich geht wie mir. Wir wollen gerne in Sieben-Meilen-Stiefeln durch die Welt gehen. (Unsere schnelllebige Zeit macht uns das noch schmackhafter.) Aber die gibt es nur im Märchen. Hier auf unserer guten alten Mutter Erde herrschen immer noch die Naturgesetze und die gelten nicht nur für die Landwirtschaft. Alles, was wir säen – Ideen, Pläne, Visionen – muss erst keimen und reifen, bevor wir die Früchte ernten können. Sie mögen in ihrer Funktion „ein helles Köpfchen“ sein, ein Ideenwunder und „schnell von Begriff“, auch Sie werden aus einer Apfelblüte an einem Tag keinen Apfel machen. Selbst, wenn Ihr Baum noch so gut im Saft steht. Manches „unausgegorene“ Projekt ist schon gescheitert, nur weil man sich nicht die Zeit genommen hat, es richtig zu durchdenken und zu planen. Nicht jeder nächste Zeitpunkt ist der beste. Das gilt es zu erkennen. Äpfel, die zu lange am Baum hängen, werden faul oder von den Vögeln angefressen. Äpfel, die zu früh gepflückt werden, schmecken sauer. Wie in der Natur brauchen auch Projekte jeder Art ihre Zeit. Das ist manchmal schwer einzuschätzen und ab und zu auch problematisch, diese Mehrzeit bei Vorgesetzten und vor Kommissionen zu vertreten. Es sollen Kosten gesenkt werden, möglichst schnell Profite gemacht werden. Vielleicht hilft Ihnen der Gedanke, dass eine zu früh eingefahrene Ernte niemandem etwas nützt. Und einen zu früh gepflückten grünen Apfel kann man nicht mehr zurück an den Baum kleben, zu früh in Gang gekommene Prozesse kann man nicht mehr zurückdrehen. Die richtigere Kostenersparnis kann deswegen manchmal darin liegen, dass man die Reife einer Idee abwartet.

What to do?

Hören Sie auf zu ziehen und zu zerren. Betrachten Sie Ihre Projekte von Zeit zu Zeit aus der Distanz und nehmen Sie sich bzw. geben Sie Ihren Mitarbeitern die notwendige Zeit zur Realisation eines Projektes.

Vom Regieren und Teilen, vom Führen und Leiten

Wer will wohl und selig sterben, lass sein Gut den Rechten erben

Sterben müssen wir alle früher oder später. Ob wir wollen oder nicht. Auch dass wir unseren Schreibtisch räumen werden, ist so sicher wie das Amen in der Kirche. Entweder um andere Aufgaben wahrzunehmen oder vielleicht auch um in Pension zu gehen. Das ist manchmal nicht ganz einfach. Besonders dann, wenn man über viele Jahre, manchmal sogar Jahrzehnte eine Position ausgefüllt hat, fällt der Gedanke schwer. Man hat „etwas" aufgebaut, kennt die Wege und Verbindungen, hat sein vertrautes Umfeld und ist erfüllt von dem, was man tut und geschaffen hat. Besonders für Führungskräfte ist ihre Abteilung oder ihr Unternehmen oft so etwas wie ein eigenes Ziehkind, das auch ein Stück Heimat bedeutet.

Mir geht es nicht anders. Ich kenne viele meiner Mitarbeiter seit ihrer Ausbildung. Ich habe sie begleitet, geprägt und zugeschaut, wie sie ihre Erfahrungen machten. Ich habe sie unterstützt, gelobt und getadelt. Ich habe erlebt, wie sie ihren eigenen Arbeitsbereich aufbauten, wie sie heirateten und Kinder bekamen. Manche verließen das Unternehmen oder mussten es verlassen. Das Unternehmen hat für mich immer eine zentrale Bedeutung in meinem Leben gehabt.

Wenn meine Bindung schon so stark ist, wie muss es dann erst Unternehmern gehen, die vielleicht ihre Kinder selber ausgebildet haben und die kurz davor stehen ihren Schreibtischsessel für die nächste Generation zu räumen?

Eine Übergabe ist immer schwierig, wenn solche Emotionen eine Rolle spielen – sei es das eigene Unternehmen abzugeben oder auch „nur" eine Abteilung, der man über einen längeren Zeitraum vorstand. Grundsätzlich sollten für alle Beteiligten die Interessen des Unternehmens an erster Stelle stehen und die persönlichen Befindlichkeiten an zweiter. Oft leichter gesagt als getan! Eitelkeiten und Ängste können eine Rolle spielen, wenn es darum geht, das Terrain für einen Nachfolger vorzubereiten. „Wird der nächste alles anders machen und das Unternehmen umkrempeln? Können meine Verdienste in Anbetracht der Leistungen meines Nachfolgers noch bestehen?“ Abschied ist schwer. Aber das sollte kein Grund sein, Ihrem Nachfolger die Ankunft auch schwer zu machen. Damit eine Übergabe reibungslos erfolgt, sollte man frühzeitig die Nachfolge regeln. Dann kann man eine Übergabezeit planen, in der der Stelleninhaber seinem Nachfolger die Informationen weitergibt, die gewährleisten, dass „der Laden gut weiterläuft“.

What to do?

Blicken Sie nach vorne, wenn Sie eine Position oder ein Unternehmen verlassen. Organisieren Sie verantwortungsbewusst Ihre Übergabe. Haben Sie Vertrauen, dass Ihre Verdienste für das Unternehmen erhalten bleiben.

Es ist nicht gut, wenn viele regieren. Das Ruder soll nur einer führen

Dieser Spruch ist einer meiner liebsten, aber im Unternehmensalltag findet seine Botschaft oft kein Gehör. Je größer die Firma, desto mehr „Häuptlinge", die etwas zu sagen haben wollen! Wir haben uns in den letzten Jahren zwar immer mehr bemüht die Hierarchien der Unternehmen zu verschlanken und die Kompetenzen klar zu definieren, letztlich überall durchgesetzt hat sich dies jedoch noch nicht. Eine Journalistin erzählte mir kürzlich, dass selbst in den öffentlich-rechtlichen Sendeanstalten so viele Köche in einem Brei rühren, dass er am Schluss nicht nur oft verdorben ist, sondern es auch gar nicht mehr möglich ist, festzustellen, wer ihn nun verdorben hat.

Das Ruder führen, heißt Verantwortung übernehmen. Es heißt auch, Verantwortung an den Rest der Schiffsmannschaft abzugeben in dem Vertrauen, dass diese ihre Aufgaben gut erfüllt und das Schiff gut voran kommt. Am Ruder kann immer nur einer stehen, nämlich der Steuermann, die Segel werden von den Matrosen gehisst, in der Kombüse ist der Koch zuständig, der Zahlmeister regelt die Heuer. Das Ganze kann nur dann gut funktionieren, wenn jeder sich auf seine Aufgabe konzentriert, sich nicht in die Bereiche der anderen einmischt, alle gut zusammenarbeiten und engagiert „an einem Strang" ziehen.

Die Struktur unseres Geschäftsalltags ist sehr komplex geworden. Man benötigt für kleine Vorgänge oft so viele Unterschriften, Stempel und

Genehmigungen, dass der Verwaltungsaufwand meist größer ist als der eigentliche Vorgang. Selbst simpelste Anfragen erfordern einen immensen Aufwand, weil sie ständig von einer Stelle an die nächste weitergereicht werden. Keiner traut sich, die Verantwortung für Entscheidungen zu übernehmen oder er hat nicht die Befugnis. Das kann ein Unternehmen auf Dauer lähmen. Zu lange Entscheidungsprozesse sind für die Entwicklung einer Sache pures Gift. Vergewissern Sie sich deshalb bei allen Entscheidungen, dass nur so wenig Personen darüber entscheiden, wie auch wirklich dazu nötig sind. Verzichten Sie, wie es der Sänger Reinhard Mey schon vor Jahren in einem seiner Lieder so treffend formulierte, auf „den Antrag für das Stellen eines Antragsformulars".

What to do?

Klären Sie in Ihrem Unternehmen oder in Ihrer Abteilung die Entscheidungsbefugnisse. Überprüfen Sie Ihren eigenen Umgang mit Verantwortung. Denken Sie daran: Wenn der Steuermann in den Segeln hängt, ist das Schiff führerlos.

Wo die Herren raufen, da müssen die Bauern Haare lassen

Gerade vor kurzem hat wieder ein großes Bauunternehmen Zahlungsunfähigkeit angekündigt. Man sitzt um den großen, runden Tisch und es werden Kredite hin und her geschoben. Massenentlassungen werden verhandelt. Kann sein, dass es die Firma schafft, kann sein, dass nicht. Die Führungsspitze wird so oder so ihr schönes Glas Wein am Abend trinken. Was übrig bleibt, sind Handwerker, die auf ihr Geld warten, Maler, Anstreicher, Lackierer. Junge Auszubildende, die nicht wissen, wo sie mit sich hin sollen. Mitarbeiter, die eben erst umgezogen sind, weil sie näher am Arbeitsplatz wohnen wollten. Menschen, die schon lange pendelten, weil die Baustellen über die ganze Bundesrepublik verteilt waren. Ich habe die Gesichter dieser Menschen in den Nachrichten gesehen und mir dabei gedacht, dass es immer die Kleinen sind, die es am härtesten trifft. Ein Patentrezept gibt es für solche Fälle wohl nicht. Eines ist aber wohl sicher: Hinter jedem Produkt, egal ob es sich um ein Kraftwerk oder Eis am Stiel handelt, stehen Menschen, die ihre Zukunft und ihre Sicherheit mit der eines Unternehmens verknüpft haben. Menschen, denen man etwas versprochen und in Aussicht gestellt hat. Ein interessantes Betätigungsfeld, regelmäßige Entlohnung, eine Qualifizierung. Es genügt nicht alleine, gute Ergebnisse von den Mitarbeitern zu fordern, an guten Resultaten müssen alle mitwirken. Sowohl die Führungsspitze eines Unternehmens als auch diejenigen, die direkt an den Maschinen stehen.

Große Image-Kampagnen nützen nichts, wenn wir mit dem „kleinen Mann" nicht gut umgehen, wenn wir die „kleinen Leute" nicht respektieren. Jeder, der geht oder besser: gegangen wird, nimmt eine schlechte Stimmung mit und trägt sie nach draußen. Das sind Multiplikatoren, die wirkungsvoller sind als meterhohe Plakatwände. Entlassungsgewohnheiten und Freisetzungsmethoden, die den menschlichen Respekt ignorieren, schaffen ein schlechtes Image, das sich in den Köpfen der Menschen, der potentiellen Kunden, lange Zeit hält und letztlich dem Unternehmen mehr wirtschaftlichen Schaden zufügen, als sie ihm Gewinn bringen.

What to do?

Gehen Sie sorgsam mit den Mitarbeitern um, für die Sie Verantwortung tragen. Vergessen Sie nicht das einzelne Gesicht in der Masse. Massenentlassungen sind ein heikles Thema, das sowohl extern als auch intern großen Imageschaden anrichten kann.

Höflich und bescheiden sein kostet nichts und bringt viel ein

Kennen Sie auch solche Leute, die immer Recht haben und keinen Widerspruch dulden? Man trifft sie überall: in der Straßenbahn, in der Warteschlange an der Supermarktkasse, im Theaterfoyer, in der Sauna und natürlich bei der Arbeit. Wohl dem, der die Fähigkeit besitzt, seine Ohren „auf Durchzug" zu stellen! Das ist sicher im privaten Kontext leichter als im beruflichen, wenn es darum geht, zusammenzuarbeiten und man nicht immer entscheiden kann, mit wem man seine Zeit verbringen will. Wenn vielleicht auch noch die Hierarchie eine Rolle spielt und man es mit Vorgesetzten zu tun hat, die durch ihr Amt oder ihren Gehaltsabrechnungszettel immer Recht haben und begründungslos Anweisungen erteilen und Termine setzen, dann wird es ganz schwierig eine konstruktive Arbeitshaltung zu bewahren.

Führungskräfte sollten sich über ihren Umgang untereinander und mit ihren Mitarbeitern besondere Gedanken machen. Je weiter oben ihre Position angesiedelt ist, um so mehr. Die Art und Weise, wie Dinge „oben" verhandelt und weitervermittelt werden pflanzt sich wie ein Schneeballsystem nach unten fort.

Man glaubt gar nicht, wie schnell ein Tonartwandel in der Vorstandsetage bis zum letzten Pförtner zu spüren ist. Die schönsten Image-Broschüren können nicht ausgleichen, was ein solcher Umgang miteinander anrichten kann. Mitarbeiter, die das Gefühl haben, ständig „heruntergeputzt" zu werden, werden mit der Zeit auch unten bleiben und sich entsprechend klein fühlen, egal ob sie nun Abteilungsleiter oder Sachbearbeiter sind. Und kleine Leute vollbringen auch nur Kleines. Sie

werden also auf die nächste Anweisung warten, bevor sie sich in Bewegung setzen.
Ein Unternehmen lebt aber davon, dass alle ihren Beitrag leisten und nicht nur einige wenige sagen, was viele andere zu tun haben. Mündige Mitarbeiter sind die wertvolleren Mitarbeiter. Aber um sich mündig zu fühlen, muss man sich ernstgenommen fühlen. Und das tut man nicht, wenn man von oben herab behandelt wird.

What to do?

Überprüfen Sie ihre Tonart! Stellen Sie Ihre Überzeugungen ab und an in Frage? Geben Sie Ihren Mitarbeitern das Gefühl, dass Sie sie ernst nehmen? Wenn Sie je Soldat waren, erinnern Sie sich vielleicht noch an die Wirkung, die unbegründete Anweisungen auf Sie ausgeübt haben. („Jawoll! Hacken zusammen und ab durch die Mitte!“)

Die Kette ist immer so stark wie ihr schwächstes Glied

„Wenn ich weiß, dass Herr Kempf mit der Aktion einig ist, dann mache ich weiter", sagte mir vor einiger Zeit ein Vertriebsleiter, der gerade dabei war, seine Auslieferung umzustrukturieren. Ich wunderte mich darüber, denn Herr Kempf war bekannt dafür, dass er nicht gerade einer der schnellsten war.

In jeder Abteilung gibt es einen Herrn oder eine Frau Kempf. Das sind die Mitarbeiter, die vielleicht für alles ein wenig mehr Zeit benötigen, aber vielleicht auf der anderen Seite sehr zuverlässig und sorgfältig arbeiten. Vielleicht muss man Herrn oder Frau Kempf auch einen Vorgang genauer erklären. Nicht weil sie dümmer als andere sind, sondern weil sie es vielleicht genau wissen wollen und lieber zweimal nachfragen. Sicherlich, das erfordert manchmal sehr viel Geduld. Man will weiterkommen, ist bereits bei Punkt drei, und Kempf hängt immer noch bei Punkt eins. Er hat immer noch Fragen und Sie rollen innerlich mit den Augen. Tun Sie's nicht! Dadurch, dass sie ihn mit all seinen Aspekten respektieren, zeigen Sie ihrer gesamten Mannschaft, dass sie ein Team sind. Ein Team hat immer starke und schwache Elemente. Jeder hat seine Qualitäten, sonst hätten sie ihn oder sie nicht eingestellt. Wenn eine Sache ein ganzes Team betrifft, dann ist es wichtig, auch das schwächste Element mitzunehmen, ihn zu überzeugen, ja zu sagen, weil alle Unklarheiten beseitigt sind. Die sogenannten Schwachstellen in einem Team sind diejenigen, um die wir uns am meisten kümmern müssen, die der meisten Aufmerksamkeit bedürfen, weil dort die ganze Kette, die aus den einzelnen Teammitgliedern besteht, am ehesten reißen kann. Und mit einer gerissenen Kette kann man nicht mehr an einem gemeinsamen Strang ziehen.

Aufkommende Fragen bieten obendrein immer die Chance, einen Vorgang noch einmal zu überprüfen. Ist alles in seiner Struktur richtig oder gibt es vielleicht noch irgendwo einen Haken, der bei dieser Gelegenheit zum Vorschein kommt?

What to do?

Schenken Sie ihre Aufmerksamkeit nicht nur ihren starken und kompetenten Mitarbeitern. Kümmern Sie sich um die schwachen Mitglieder Ihrer „Team-Kette". Auch die „starken" Mitarbeiter sind unterm Strich nur so stark, wie die schwachen Kollegen, mit denen sie zusammenarbeiten. (Übrigens: Hinter manchen Schwächen verbergen sich auch Stärken!)

Das Schaf ist verloren, das sich beim Wolf Rat holt

Sie kennen doch sicher das Märchen von Rotkäppchen und dem Wolf. Der Wolf erschleicht sich das Vertrauen des kleinen Mädchens, um es später zu fressen.

Nun werden Sie sagen: „Aber Rotkäppchen ist doch gar kein Schaf und der Wolf schlüpft ja auch nicht in einen Schafspelz!“ Ja, das ist richtig! Nichtsdestotrotz gibt es unter den Menschen Schafe, die auf der Wiese stehen, friedlich vor sich hin mampfen und brav ihre Milch geben und es gibt Wölfe, die nichts anderes im Sinn haben als sich Strategien zu überlegen, wie sie die Schafe für ihre Zwecke (der Nahrungsaufnahme) nutzen können.

Auch im Arbeitsleben kann man sie wiederfinden, in jeder Abteilung, in jedem Unternehmen. Es sind Menschen, die sich vom Hirten ungerecht behandelt oder kontrolliert fühlen und sich in ihrer Verzweiflung in die Arme des starken Wolfes flüchten, der Kreide gefressen hat, damit seine Stimme weniger rau klingt. Sie schütten diesem sicher freundlichen Mitarbeiter ihr Herz aus, ohne zu überprüfen, ob er überhaupt ihr Vertrauen verdient. Vielleicht benutzt er die Informationen für seine Zwecke, vielleicht auch nicht. In jedem Fall erhält er auf diese Weise eine besondere Rolle in der Abteilung: Er wird zur „grauen Eminenz“, wenn er zum ständigen Ansprechpartner für die Problemchen seiner Mitarbeiter wird, die diese mit dem Vorgesetzten haben. Dieses Vertrauen ehrt ihn, es ist aber nicht seine Aufgabe, Kummerkasten der Abteilung zu sein. Er wird die Probleme nicht lösen können, aber sie werden auch an entscheidender Stelle nicht öffentlich zur Sprache gebracht werden. Die Folge kann

sein, dass ein Graben zwischen Abteilung und Leitung entsteht, weil der Vorgesetzte immer mehr an Vertrauenswürdigkeit und Verbindung zu seinen Untergebenen verliert und sich immer mehr Schafe um den wohl wollenden Wolf scharen, um dort ihren „Schutt abzuladen", ohne dass sie damit die Problemsituation verändern.
Wir können viel dafür tun, dass Wölfe dieser Art keine Chance haben. Wir können eine offene Tür haben, für „Schafe in Not" und uns aufmerksam zeigen für Sorgen und Nöte unserer Mitarbeiter. (Auch für die, die sie mit unserer Person haben!) Wir können uns mit ihnen auf einer freundlichen und sachlichen Ebene auseinandersetzen und so dafür sorgen, dass sie ihre Probleme nicht untereinander abmachen müssen. Ein offenes Klima verhindert, dass unsere Schafe einen Wolf brauchen.

What to do?

Ein guter Hirte kontrolliert nicht nur seine Herde, er ist auch fürsorglich und achtet darauf, dass es seinen Schafen gut geht.

Auf einem geschundenen Gaul reitet man nicht weit

Auf einem meiner Seminare lernte ich einmal einen Geschäftsführer kennen, der voller Stolz vom Engagement seiner Mitarbeiter sprach. Er lobte die hohe Motivation seiner „Mannschaft", wie er seine Mitarbeiter nannte, über alle Maßen und ließ durchblicken, dass er gerade von den höheren Gruppierungen mit hohem Einkommen erwartete, dass Überstunden geleistet würden, die dann bereits durch Gehalt und Prämien abgegolten wären. Ich gab zu bedenken, dass mit Geld allein Energien und Ideen nicht zu gewährleisten seien. Es dauerte nicht lange, bis sich zwischen uns eine ziemlich heftige Diskussion entspann, die allerdings bald zu einem Ende kam. Wir fanden keinen Konsens und kamen irgendwann von dem Thema ab. Zwei Jahre später trafen wir uns wieder. Der Geschäftsführer hatte um eine Beratung bei mir angefragt. Mittlerweile hatte die Fluktuation in seinem Unternehmen stark zugenommen und der Krankenstand war in einem hohen Maß gestiegen. Die Motivation seiner Mitarbeiter hatte stark nachgelassen, es „klemmte" an allen Ecken und Enden. Werbeaktionen scheiterten, Produktvorschläge kamen bei den Käufern nicht mehr richtig an, es kam zu technischen Pannen in der Entwicklungsabteilung, die Stimmung in der Firma war gereizt. Er selbst war mit ein paar Kollegen dazu übergegangen, auch die Wochenenden im Büro zu verbringen, um Vorgänge, die unter der Woche liegengeblieben waren, zu bearbeiten. Erst am Tag zuvor war einer seiner Abteilungsleiter wegen eines Herzinfarkts für längere Zeit ausgefallen. Er stand mit dem Rücken zur Wand. Ich fühlte mich in der zwei Jahre zurückliegenden Diskussion bestätigt. Für mich ist klar: Wer seine Mitarbeiter ständig bis zum Anschlag fordert, hat über kurz oder lang das Nachsehen. Ständige Überstunden, mangelnde Anerkennung und mangelnde Bereitschaft, die Bedürfnisse von Mitarbeitern wahrzunehmen, sind ein Bumerang, der schon manches Unternehmen in Schwierigkeiten brachte. Es ist unterm Strich teurer, krankes Personal zu bezahlen, als vielleicht einen oder zwei Mitarbeiter mehr einzustellen, um einzelne Abteilungen zu entlasten. Burn-Out heißt unternehmerisch betrachtet: mittelmäßiger Einsatz, mittelmäßige Ideen, mittelmäßige Umsetzung und mittelmäßige Projektplanung. Das kann sich kein Unternehmen leisten!

What to do?

Auch der motivierteste Mitarbeiter braucht freie Zeiten, in denen er regenerieren kann. Sie sind wichtig, um die Bedürfnisse, die die Arbeit nicht befriedigen kann, zu decken. Das kommt nicht zuletzt dann wieder der Arbeitskraft zugute. Mitarbeiterpflege ist so wichtig wie Kundenpflege – und: Mitarbeiter sind so gut wie ihr Chef. Deswegen gehen Sie mit sich und Ihren Ressourcen sorgsam um. „Reiten“ Sie nicht weiter, als es für Sie und Ihre Mitarbeiter gut ist.

Ein Löffel voll Tat ist besser als ein Scheffel voll Rat

Neulich am Kopierer:

(A) „Sie machen das falsch. Sie müssen das Papier anders herum reinlegen!“

(B) „So? Das geht aber nicht.“

(A) „Nein. Anders herum, quer.“

(B) „Ach so, das passt aber nicht.“

(A) „Die Blätter müssen noch unter die Metallecken, damit das Papier eingezogen wird.“

(B) „Ah ja! Welche Metallecken?“

(A) „Die da an den Rändern!“

(B) „Wo?“

(A) „Da!“

Diesen Dialog könnte man noch seitenlang weiterspinnen. Nehmen wir an, A wäre in der Besetzungsliste Krawattenträger und B der Blaumann. Wie oft habe ich solche Situationen schon in der Realität erlebt! „Das müssen Sie so und so machen...“ Da stehen sie dann, die freundlichen Ratgeber, mit den Händen in den metaphorischen Hosentaschen und wissen weiß Gott was. Anstatt dass einfach mal kurz mit angepackt würde, gibt es lange unverständliche Bedienungsanleitungen.

In Unternehmen sind Menschen der Tat gefragt, keine Lehr-Kräfte, die nur wissen, wie *es* geht, aber *es* nicht tun. Sehen, wo man gebraucht wird und ohne große Worte zuzupacken ist eine der wertvollsten Qualitäten, die ein Mitarbeiter in ein Unternehmen einbringen kann. Sie zeigt, dass

er Initiative und Eigenverantwortung besitzt und wie in unserem Fall keine Angst hat, sich mit „niedrigen“ Arbeiten die Hände schmutzig zu machen. Nichts ist schlimmer für Mitarbeiter, die den ganzen Tag manuell arbeiten – und sei es auch nur im Büro –, als mit Menschen zusammenzuarbeiten, die den ganzen Tag nur reden, reden, reden... Für sie dokumentiert eine solche „unterlassene Hilfeleistung“ nur einmal mehr, dass sie klein sind und der andere groß ist. Und Menschen, die klein gehalten werden, werden auch nur auf Sparflamme arbeiten.
Ohne die Macher, die sich auch einmal die Manschettenknöpfe abnehmen und die Ärmel hochkrempeln, teilt sich ein Unternehmen ganz schnell in Unter- und Oberklasse.

What to do?

Nutzen Sie Gelegenheiten wie in unserem Beispiel und zeigen Sie im Kleinen, dass Sie ein Mann der Tat sind. In alltäglichen Situationen können wir zeigen, was wir unter Zusammenarbeit verstehen.

Eine Geiß, die man anbindet, muss man auch hüten

Ist Ihnen so etwas schon einmal passiert? Sie sind zu einem Fest eingeladen. Sie machen sich schick und klingeln an der Haustür des Gastgebers. Eine fremde Frau macht auf und sagt: „Kommen Sie doch herein, mein Mann musste leider dringend weg!" In der weitläufigen Wohnung, die Sie betreten, stehen viele andere Gäste mit ihren Gläsern in der Hand in kleinen Grüppchen und unterhalten sich. Sie kennen niemanden. Sie nehmen sich ein Glas Sekt vom Büffet, gehen im Raum umher von Grüppchen zu Grüppchen und versuchen Anschluss zu finden. Aber alle sind in ihre Gespräche vertieft und niemand beachtet Sie. Nach einer halben Stunde stellen Sie Ihr Glas ab und gehen.

Das klingt wie ein Alptraum. Aber genau dieser Alptraum findet tagsüber häufiger statt als man glaubt. Im Privat- wie im Berufsleben. Mir ist ein Fall zu Ohren gekommen, in dem ein hochqualifizierter Ingenieur an seinem ersten Arbeitstag nicht einmal einen Schreibtisch vorfand, an den er sich hätte setzen können. Der Abteilungsleiter, der zusammen mit dem Personalchef das Einstellungsgespräch geführt hatte, war just an diesem Tag abwesend und ansonsten wusste auch niemand in der Abteilung, dass er kommen würde. Wie muss sich jemand fühlen, dem solches widerfährt? Es muss wie eine Ohrfeige für einen neuen Mitarbeiter sein, der nach einem guten Einstellungsgespräch voller Tatendrang und Neugier seinen Arbeitsplatz antreten will und auf solche Weise erfahren muss, wie wenig willkommen und erwünscht er ist. Das ist eine Nachlässigkeit, die man nur mit viel Mühe wieder ausbügeln kann. Ein Mitarbeiter wird nach einem solchen Empfang einige Zeit brauchen, um

seine Freude an der Arbeit wiederzufinden. Zumal Einarbeitungszeiten in neuen Abteilungen naturgemäß eher anstrengend sind, weil vieles ungewohnt und neu ist. Wenn dann auch noch die Minimalanforderungen – wie in unserem Fall der physische Arbeitsplatz – nicht vorhanden sind und sich der Mitarbeiter selbst darum erst kümmern muss, dann kann das schon dazu führen, dass einer die Lust verliert.
Ein einladender Strauß Blumen an einem vorbereiteten Schreibtisch bereitet einen besseren Start für einen anderen Weg.

What to do?

Empfangen Sie ihren neuen Mitarbeiter so, wie selbst gerne empfangen werden! Vielleicht stellen Sie ihm für die erste Woche einen Paten aus dem Kollegenkreis an die Seite, der ihn mit den Gegebenheiten des Unternehmens bekannt macht.

Wer sein Feld in gutem Stand will sehen, muss täglich selber darauf gehen

Es gibt Arbeitnehmer, die wissen eigentlich gar nicht mehr, für wen sie arbeiten. Sie kennen gerade mal die allernächsten Vorgesetzten, den einen oder anderen Vorstand aus der Zeitung und das ist dann auch schon das Ende der Fahnenstange. Die Unternehmensphilosophie sind nur noch Worte auf einem Stück Papier, das man irgendwann einmal am Arbeitsplatz als Rundbrief vorgefunden hat und das einen nicht berührt. Es ist ein mehr oder weniger anonymes Arbeiten. Das geht manchmal so weit, dass ein Dreher an der Drehbank nicht einmal mehr weiß, wofür das Teil gut ist, das er herstellt. Anonymität hat geradezu zwangsläufig Frustration zur Folge. Wer Menschen an sein Unternehmen binden möchte und die Kapazitäten seiner Mitarbeiter ausschöpfen will, der sollte dafür Sorge tragen, dass der Kontakt zwischen den unterschiedlichen Arbeitsebenen gewährleistet ist. Er oder sie selbst kann bei sich anfangen und den Kontakt zu direkten Untergebenen suchen und so gestalten, dass er die ihm zustehende Vorbildfunktion auch ausfüllt. Der Informationsstrom von oben nach unten und der von unten nach oben muss durchlässig fließen, sonst schalten die Mitarbeiter irgendwann ab. Auch wenn das Unternehmen noch so groß ist, vielleicht weltweit arbeitet, muss der Einzelne ein Gefühl für seinen Platz, seine Arbeitsumgebung und auch für die Unternehmensidee entwickeln können. Das ist zum Teil durch eine gut funktionierende interne Kommunikation zu erreichen, wie sie beispielsweise eine gute Mitarbeiterzeitschrift oder das

Intranet leisten kann, doch was viel mehr zählt, ist der persönliche Kontakt, der immer wieder gesuchte direkte Dialog, das informelle Gespräch mit den Mitarbeitern. Betriebsfeiern und -ausflüge können ein Forum für solche Gespräche bieten, bei denen sich Vorgesetzte und Untergebene auf unkomplizierte Art und Weise begegnen und austauschen können. Die Informationen, die in einem solch „lockeren" Rahmen fließen, sind oft sehr wertvoll und in Gold nicht aufzuwiegen. Dort kann Mitarbeiter X endlich mal loswerden, was in seinem Arbeitsbereich nicht rund läuft und man kann erfahren, warum es an bestimmten Stellen zu bestimmten Ausfällen kommt. Leider stehen solche Veranstaltungen in Zeiten der Rezession an oberster Stelle auf den Einsparlisten. Das sind aber kurzsichtige Rechnungen, die da aufgestellt werden. Am Ende verliert man mehr durch Demotivation der Mitarbeiter als durch Finanzierung einer Mitarbeiterveranstaltung.

What to do?

Gehen Sie zu Ihren Mitarbeitern und warten Sie nicht, bis diese zu Ihnen kommen. Zeigen Sie Interesse und Sachverstand in den Gesprächen.

Am Ferkel wird gerochen, was die Sau verbrochen

Der Meister hat den Boden falsch vermessen und dem kleinen „Stift“ werden die Ohren lang gezogen. Der Bäcker hat die Brötchen zu lange im Ofen gelassen und die Verkäuferin muss die dunklen Brötchen „ausbaden“. Der Rechtsanwalt ist ständig „gerade in einer Besprechung“, kann deshalb „leider“ nicht telefonieren und die Vorzimmerdame wird dafür angeschnauzt. Ja, immer schön den Druck von oben nach unten weitergeben! „Ja, das kenne ich auch“, nicken Sie vielleicht. Wir alle kennen das irgendwie auch.

Doch in der kleinen Bauernregel steckt für mich noch ein anderer Gedanke. Wenn der Azubi vom Meister lernt, schlampig auszumessen, wie wird er wohl später als Geselle seine Aufträge ausführen? Wenn die Verkäuferin Ihnen für ein dunkles Brötchen den vollen Preis berechnet, ohne einen Widerspruch zu dulden, werden Sie ihr wohl glauben, wenn Sie Ihnen mit blumigen Worten ein besonders schmackhaftes Brot empfiehlt? Und die Sekretärin, auf welcher Seite steht sie? Färbt es eigentlich ab, wenn Vorgesetzte „nicht ganz sauber“ arbeiten? Allein schon deswegen, weil die Untergebenen ständig mit ihnen zusammenarbeiten und aus demselben „Stall“ kommen? „Mitgefangen – mitgehangen!“, weiß der Volksmund. Der Meinungsbildung ist es egal, ob wir Befehlsempfänger oder -geber sind. Als Untergebene sollten wir uns geflissentlich überlegen, inwieweit wir die Linie und den Stil unserer Vorgesetzten vertreten können. Als Führungskräfte müssen wir uns immer wieder fragen (und fragen lassen), inwiefern unsere Arbeitsweise und unser Umgang integer sind und auch ein gutes Bild nach außen – und sei es nur in der

Nachbarabteilung – abgeben. Nicht nur wegen unseres eigenen Ansehens sondern auch wegen des Schattens, den dieses auf unsere ganze Abteilung bzw. unsere Mitarbeiter wirft. Im schlimmsten Fall werden wir zu einem Imagevertreter für das ganze Unternehmen und das kann zählbare Folgen haben. „Ist der Ruf erst ruiniert, lebt es sich ganz ungeniert." Diese alte These von Wilhelm Busch kann man sich leider nicht als Führungsleitsatz über den Schreibtisch hängen, auch wenn sie noch so schön klingen mag.

What to do?

Bedenken Sie, dass sich auch kleine, banale Teile unseres alltäglichen Verhaltens in den Köpfen der Menschen zu einem einzigen großen Puzzle zusammensetzen, das ein Bild von unserer Außenwirkung abgibt. Und dieses Bild hat einen Widerschein auf all die Mitarbeiter, die mit uns zusammenarbeiten.

Wer Disteln sät, wird Stacheln ernten

Oft wollen wir es nicht wahrhaben, aber leider müssen wir es immer wieder zur Kenntnis nehmen: das Ursache-Wirkung-Prinzip. Schon als Kind wurde uns von den Eltern und Lehrern immer wieder gesagt: „Was du nicht willst, was man dir tu', das füg auch keinem andern zu!" oder „So, wie man in den Wald hineinruft, so schallt es heraus!" In Kommunikationsseminaren heißt es heute, wir sind nicht nur verantwortlich für das, was wir tun, sondern auch wie wir es tun. Das heißt nichts anderes, als dass alles, was wir verbal oder nonverbal an andere weitergeben, über kurz oder lang an uns zurückfallen wird. Das gilt für alle Führungsebenen. Wenn im Vorstand ein schlechter Umgangston herrscht, dann können Sie sicher sein, dass dieser Ton durch sämtliche Leitungsebenen bis ganz nach unten durchsickern wird. Zurück kommen dann in diesem Fall schlechtere Ergebnisse, deren Ursachen auf Missstimmungen zurückzuführen sind. In einzelnen Abteilungen kann es sich wesentlich direkter auswirken. Ein Vorgesetzter, der kurz und knapp seine Anweisungen gibt und dabei keinen Widerspruch duldet und über die Ansichten seiner Mitarbeiter „drüberbügelt", wird die Folgen am eigenen Leib erfahren. Mitarbeiter, die nicht gewürdigt werden, werden danach trachten, ihre Ehre irgendwann wieder herzustellen. Gefühle wie „Diesen Umgang habe ich nicht verdient!", rufen nach Wiedergutmachung. Mitarbeiter, mit denen schlecht umgegangen wird, werden dafür sorgen – bewusst oder unbewusst –, dass die „Rache des kleinen Mannes" ihr Ziel findet. Das Ziel ist bekannt. Es sitzt im Chefsessel und ignoriert die Tatsache, dass ihm untergebene Mitarbeiter auch nur Menschen sind. Solche Führungskräfte müssen immer mit folgendem Echo ihrer Mitarbeiter rechnen: Nachlässigkeiten, dass wichtige Informationen nicht rechtzeitig weitergegeben werden, häufigere Fehltage oder die innere Kündigung. Wenn der Ton ganz oben nicht stimmt, kann das bedeuten, dass ein ganzes Unternehmen geschädigt wird, weil die Mitarbeiter sich nicht mehr als Menschen, sondern nur noch als kleine Zahnrädchen einer großen Maschine wahrgenommen fühlen, entsprechend Dienst nach Vorschrift machen und die Zahlen am Ende nicht mehr stimmen.

Was immer wir von unseren Mitarbeitern auch wollen, der Umgangston und die Maßnahmen sollten angemessen sein.

What to do?

Vergessen Sie nie: Auch Sie waren einmal „eine kleine Nummer" und wurden nicht als Chef geboren. Was hat sie damals weitergebracht? Welcher Umgang war für sie förderlich und gut? Benutzen Sie diese Erinnerung, um auch mit Ihren Mitarbeitern gut umzugehen.

Das Schaf, das am meisten blökt, gibt die wenigste Milch

Eine Tagung war vorzubereiten. Jeder in der Abteilung kannte seine Aufgabe. Referenten mussten eingeladen, Teilnehmerlisten erstellt, Tagungsräume organisiert und Hotelzimmer gebucht werden.
In einem eingespielten Team läuft so etwas Hand in Hand und man bringt es reibungslos über die Bühne. Manchmal gibt es aber Mitarbeiter, die einen mit Fragen löchern, die nur sehr indirekt mit der Planung zu tun haben. „Soll ich den Referenten X mit dem Taxi oder dem Firmenwagen vom Bahnhof abholen?“ oder „Sollen wir die Tische mit Chrysanthemen oder besser mit Windrosengestecken dekorieren?“ „Mit roten Ohren!“, möchten Sie antworten, weil Ihnen klar ist, dass all diese Fragen nicht dem Zweck der Information dienen, sondern von dem Frager oder der Fragerin dazu missbraucht werden, Ihre Aufmerksamkeit auf ihn oder sie zu lenken. Aber Ihre Antwort wird natürlich anders ausfallen, weil Sie wissen, dass eine beleidigte Leberwurst noch weniger gute Arbeit leisten wird und es nicht der Moment für schlechte Stimmungslagen ist, weil die Zeit drängt.
Menschen mit dieser Art von Profilneurose, die in solchen Fragen zum Ausdruck kommen, sind meistens einfach nur unsicher. Wie Kleinkinder wünschen sie sich Begleitung auf Schritt und Tritt, damit sie ja sichergehen können, dass sie wichtig sind und dass man sie „lieb“ hat. Und dass sie keine Schelte kriegen, weil sie vielleicht Fehler gemacht haben. Ein Unternehmen ist aber kein Kindergarten und es ist nicht unsere Aufgabe, therapeutisch tätig zu werden. Zwischen Mitarbeitern und Unternehmen besteht eine ganz klare Abmachung, die sich auf einen ein-

fachen Nenner bringen lässt: Leistung gegen Bezahlung. (Was nicht heißt, dass nicht jeder in Maßen ein Recht auf seine Eigenheiten haben darf.) Ein Stück weit muss man Eigenverantwortlichkeit und Mündigkeit von Mitarbeitern erwarten können. Wer dauernd fragt, hat wenig Zeit dazu, etwas zu tun und zeigt damit, dass er keine – manchmal nicht einmal die kleinste – Verantwortung übernehmen will. Wir sind keine „Babysitter“, sondern Vorgesetzte. Jeder Mitarbeiter hat seinen Teil der Verantwortung selbst zu tragen.

What to do?

Überprüfen Sie ihre eigene Rolle. Sind Sie Vater oder Mutter ihrer Abteilung?

Können Sie Verantwortung abgeben und Aufgaben delegieren? Manchmal ärgern wir uns über Fragen der Mitarbeiter, die sie nur deshalb stellen, weil sie es nicht anders gewohnt sind.

Mit den Alten soll man ratschlagen, mit den Jungen fechten

Ich rauche gerne Pfeife, aber alles Väterliche ist mir eigentlich fremd. Und nichts Schlimmeres, als einen jüngeren Kollegen vor mir zu haben, der sich ebenfalls eine Pfeife ansteckt. Wie behäbig! Ich meine nicht den jungen Kollegen, sondern die Situation. Wie alt fühle ich mich, wenn ich an solchen Abenden abends nach Hause fahre und über ein solches Gespräch nachdenke, das sonor und rückblickend war, obwohl mein Gegenüber vielleicht gerade Hochabschulgänger ist. Natürlich ist es einfacher und gut für das eigene Ego, wenn da jemand sitzt und einem lauscht und nickt. Ich selbst erlebe mich immer wieder, wie mir erfolgserprobte Anekdoten und kluge Sätze zum hundertsten Male von den Lippen rutschen. „Ein Manger weiß erst, was er denkt, wenn er hört, was er sagt," und so weiter. Ich befürchte, es gibt etliche Kollegen in meiner Anteilung, denen dieser Spruch bereits zu den Ohren wieder herauskommt, weil sie ihn schon zu oft gehört haben. Ich kann sie verstehen. Wie wohltuend war einmal eine junge Studentin. Sie absolvierte in meiner Abteilung ein Praktikum und erwiderte mir in einem Gespräch: „Kann ja sein, dass Sie Recht haben und dass das für Sie der beste Weg ist, ich möchte ihn trotzdem nicht gehen. Verdammt noch mal, ich bin 28 Jahre alt und I'm young and angry! Verstehen Sie das denn nicht?" Oh ja, und wie! Schlagartig erinnerte ich mich an die Zeit in meinem Leben, als ich bedingungslos forderte und wollte und keine Geduld hatte, um zu beratschlagen und zu akzeptieren. Kaum war diese Erinnerung wach, kehrte die sprühende Energie in mich zurück. Wir begannen eine hitzige Diskussion. Ich rief: „Es gibt aber Vorgaben!“ Sie erwiderte: „Unsinn, Selbstverantwortung braucht ein Unternehmen!“ Irgendwann klopfte ich erregt meine – übrigens viel zu heiße – Pfeife im Aschenbecher aus. Es war wunderbar. Endlich durfte ich mal wieder um ein Thema streiten. Ganz nebenbei hatte sich mir eine ganz neue Gesprächsdimension eröffnet. Wir rangen um jeden einzelnen kleinen Punkt und die junge Kollegin dachte nicht im Entferntesten daran so ohne weiteres klein beizugeben. Am Ende waren wir auf einer Ebene angelangt, die einen Konsens erlaubte.

Erfrischt und schmunzelnd fuhr ich an diesem Abend nach Hause. „Was ist mit dir?“, fragte meine Frau, als ich meine Pfeife nicht auszupacken gedachte. „Nichts“, antwortete ich schmunzelnd. „Ich bin heute Abend old and angry.“

What to do?

Nutzen Sie die manchmal überschäumende Energie Ihrer jungen Mitarbeiter. Sie hat genau so ihre Qualität wie die Bedächtigkeit der älteren.

Das Auge glaubt sich selbst, das Ohr den anderen Leuten

Es ist wissenschaftlich erwiesen, dass es Unterschiede gibt, wie wir durch unsere Sinne Informationen aufnehmen. Am meisten gefühlsorientiert ist der Geruchssinn. (Ist es Ihnen auch schon einmal passiert, dass Sie einen bestimmten Geruch in die Nase bekommen haben und plötzlich Kindheitserinnerungen wach geworden sind?) An zweiter Stelle steht das Gehör. (Wir alle kennen Gefühle und vergangene Situationen, die in uns wieder aufleben, wenn wir Musik hören.) Der sachlichste aller Eingänge für Signale von außen sind allerdings die Augen. Was wir sehen, das glauben wir auch. „Ich habe es mit meinen eigenen Augen gesehen!“

Aus diesen Gründen sind mündliche Verabredungen und Abmachungen, die „per Handschlag“ besiegelt werden in unseren Breitengraden aus der Mode gekommen. Redewendungen wie „... mit halbem Ohr gehört“, „... etwas aufschnappen“ oder „Ich habe mich verhört“ weisen darauf hin, dass es durchaus Sinn macht, mündliche Vereinbarungen auch schwarz auf weiß zu fixieren, so dass man sie anschließend sehen und im Zweifelsfall „wieder-sehen“ kann. Mit dem Auge können wir ganz sachlich prüfen und entscheiden, ob wir für oder gegen etwas sind. Mit dem Gehör ist unsere Bereitschaft, eine Sache emotional zu bewerten und in unserem Sinne zu interpretieren viel größer. Und einmal etwas gehört, ist es auch schon verklungen. Mit dem Auge können wir dagegen noch einmal hinschauen und genau nachlesen, was vereinbart wurde. Das können wir mit unseren Ohren nicht, sie haben keine Wiederholungstaste.

Nun gibt es Situationen im Leben einer Führungskraft, wo nicht schriftlich miteinander kommuniziert wird. Wenn Sie Ihren Ohren bei Besprechungen oder Konferenzen trauen wollen und das Auge nichts zu sehen bekommt, weil nicht protokolliert wird, dann sollten Sie auch Ihren „siebten Sinn" schärfen. Unser Instinkt und unsere Intuition können in solchen Situationen unsere Ohren unterstützen: Wie klingt etwas? Gut? Oder hören wir falsche Untertöne? Wie fühlt sich eine Botschaft im Bauch an? Können wir mit ganzem Herzen zustimmen? Glücklicherweise haben wir noch andere „Kanäle" außer Augen und Ohren, auf denen wir empfangen können.

What to do?

Manchmal wird es als Misstrauen ausgelegt, wenn man genau nachfragt, nachschaut und nachfühlt. Nehmen Sie sich trotzdem das Recht, Dinge mit allen Sinnen zu prüfen!

Arbeit ist beschwerlich, aber ehrlich

So ist es. Und deswegen halte ich zum Beispiel gar nichts davon, wenn ich meine Vorträge von Studenten oder Kollegen zusammenstellen lasse, um sie dann unter meinem Namen zu präsentieren. Wenn ich schon – meist aus Zeitgründen – auf die Mitarbeit anderer angewiesen bin, dann haben diese Personen auch ein Recht, namentlich genannt zu werden. Arbeit bedeutet Investition von Zeit und Energie. Um uns über bestimmte Sachverhalte zu informieren, müssen Gespräche geführt, Akten gelesen, Material zusammengesucht werden. Das ist manchmal mühsamste Kleinarbeit, die wir nur allzu gerne delegieren. Es ist so leicht, unliebsame Arbeit einfach von sich fortzuschieben. Noch leichter geht dies, wenn auf der anderen Seite des Tisches Sekretärinnen, Studenten oder Hospitanten sitzen, die sich nur schlecht wehren können. Da werden dann später Vorträge und Workshops mit stolz geschwellter Brust gehalten, für die eigentlich andere das Gros an Arbeit geleistet haben. Klar, die Grundidee und das Konzept für das Referat ist unsere und wir stehen mit unserem Namen für die Qualität dessen, was wir vortragen. Aber ohne die Mithilfe eines Kollegen wären wir vielleicht gar nicht in der Lage, „unsere Arbeit“ zu präsentieren. Deshalb ist diese Art von Zu-Arbeit genau so wichtig wie unsere eigene und sollte auch entsprechend gewürdigt werden. Damit bricht man sich keinen Zacken aus der Krone. Im Gegenteil. Die Zuhörer – in unserem Fall – werden zur Kenntnis nehmen, dass wir die Arbeit unserer Mitarbeiter schätzen und anerkennen und unsere Mitarbeiter werden dadurch ermuntert, bei der nächsten Gelegenheit wieder gute Arbeit abzuliefern.

What to do?

Schmücken Sie sich nicht mit fremden Lorbeeren. Sie vertrocknen schnell! Stehen Sie zu ihrer Arbeit und zu der Ihrer Mitarbeiter. Niemand kann alles allein machen. Das weiß letztlich jeder. Zollen sie sich und Ihren Mitarbeitern die Anerkennung, die jedem zusteht.

Aller Leute Freund, jedermanns Narr

„Man kann es eben nicht jedem Recht machen“, stöhnte ein befreundeter Manager, nachdem eines seiner Projekte gründlich gescheitert war. Er hatte versucht, es mit allen Seiten abzustimmen, war von seinem Abteilungsleiter über den Vorstand zur Entwicklungsabteilung und zum Vertrieb gelaufen, um überall den Konsens der Durchführbarkeit zu erhalten. Jeder hatte ihn ermuntert unter Nennung der Bedingungen, unter denen das Ganze für ihn bequem abzuwickeln war. Am Ende hatte jeder seine Interessen eingebracht, aber von der Grundidee war wenig übriggeblieben. Er hatte es besonders gut machen und zeigen wollen, dass alle an dem Projekt beteiligt sind, die Firma eine große Familie ist, deren Mitglieder alle an einem Strang ziehen. Der Gedanke ist sehr nobel und sollte in uns allen ruhen, denn in der Tat kann eine Idee nur dann umgesetzt werden, wenn alle Beteiligten ihren Wert erkennen und ihre Ressourcen mobilisieren. Schwierig wird es dann, wenn dieser Art von Einbindung aller Harmoniestreben zu Grunde liegt. Dann nämlich geht es nicht mehr um das Wohl des Unternehmens, sondern nur noch um das eigene „Eins sein“ mit der Welt. Man ist nicht mehr damit beschäftigt, anhand von Zahlen, Fakten und vernünftigen Argumente einen Vorgang zu überprüfen, sondern vielmehr bemüht, ständig das zustimmende Lächeln beim Gegenüber zu erhalten. Wer sich in diese Harmonie-Falle begibt, ist am Ende nur noch damit beschäftigt, die Grenzen und Befindlichkeiten der anderen auszuloten und ihnen gerecht zu werden. Er macht sich zum Narren von allen, wird zum Spielball seiner Umgebung und verliert seine Glaubwürdigkeit. Entscheidungen zu treffen ist zuweilen ein einsames Geschäft. Da kann es auch passieren, dass man mal jemandem „auf die Füße tritt". Wichtig ist, vorher alle relevanten Faktoren sachlich zu diskutieren, den Entscheidungsprozess transparent zu halten und die Grundlagen einer Entscheidung offen zu legen. Wenn Sie unter Einbezugnahme aller relevanten Meinungen klare Entscheidungen treffen, wird Ihr Ansehen bei Ihren Mitarbeitern nur wachsen.

What to do?

Überprüfen Sie Ihre Gründe, wenn Sie sich dabei ertappen, zu viele Sichtweisen einzuholen, dabei ihre eigene immer mehr verlieren und alle unterschiedlichen Standpunkte „unter einen Hut kriegen" wollen.

Mit Fragen kommt man durch die ganze Welt

Und ganz besonders hilfreich sind sie bei der Arbeit. Als ich diese Bauernregel in einem meiner Seminare als Folie auf den Projektor legte, sahen mich die Teilnehmer mit großen Augen an. Es war ihnen nicht ganz klar, ob das ein Versehen war oder ob ich sie am Ende gar veräppeln wollte. Nein, für mich hat das Fragezeichen als Gegenspieler des Ausrufezeichens metaphorischen Charakter. Kommunikationstheoretisch betrachtet ist das Ausrufezeichen eine Einbahnstrasse. Der eine sagt, der andere hört. Einer fühlt sich sicher und hat Recht und der andere glaubt es (oder tut jedenfalls so). Es besteht ein Gefälle von oben nach unten zwischen Sprecher und Hörer. Mit dem Fragezeichen verbinde ich dagegen eine andere Gesprächshaltung, die geprägt ist von Neugierde, von jenem Quäntchen Unsicherheit, das einer gesunden Kommunikation zuträglich ist. Sie ermöglicht es auch dem Gesprächspartner, sich einzubringen, seine Ideen, Kompetenzen und Ressourcen angstfrei zu mobilisieren und zu formulieren. Man öffnet sich für einander, begegnet sich auf einer Ebene und fühlt sich gegenseitig ernstgenommen.

Im betrieblichen Alltag passiert es uns leider viel zu oft, dass wir in der Hektik des Tagesgeschäftes keine Zeit für „Gegenverkehr“ haben. Anweisungen erfordern nun einmal weniger Zeit als Absprachen. Aber wir schneiden uns damit ins eigene Fleisch. Es entsteht bei unseren Mitarbeitern ein Rollenverhalten. Man tut, was verlangt wird, für Eigeninitiative ist kein Platz und findet deshalb auch nicht statt. Unsere Mitarbeiter werden, krass gesagt zu Erfüllungsgehilfen, die hören müssen, was sie zu tun haben. Was sie nicht hören, wird nicht getan. Abgesehen davon verpassen wir auf diese Weise jedes Mal eine Gelegenheit, uns auch von unseren Mitarbeitern inspirieren zu lassen, von ihren Einwänden, Hinweisen und Fragen Anregungen zu erhalten. Wir müssen dabei keine Furcht haben, als „Frager“ inkompetent dazustehen. Jemand, der fragt und der weiß, was er will, wird viel mehr Ausstrahlung haben als jemand, der scheinbar immer weiß, was er will und niemals fragt.

What to do?

Überprüfen Sie Ihren Umgang mit den Mitarbeitern. Zeigen Sie ihnen, dass Sie sie in allen Belangen ernst nehmen, sei es, dass es um eine anzuschaffende Kaffeemaschine oder um ein Einstellungsgespräch geht.

Ein guter Hirt schert seine Schafe, ein schlechter zieht ihnen das Fell über die Ohren

In eines meiner Seminare kam einmal ein junger Kieferchirurg. Er berichtete mir, dass er sich in seiner Praxis, die er zusammen mit einem Zahnarzt betrieb, nicht mehr ernst genommen fühlte. Ich fragte natürlich nach. Er beschrieb mir ein ausgesprochen kollegiales Verhältnis zu seinem Partner, mit dem er auch einen Teil seiner Freizeit verbrachte und ein lockeres Arbeitsklima mit den Helferinnen, das sich u. a. in gemeinsam verbrachten Mittagspausen manifestierte. Dennoch spürte er seit geraumer Zeit, dass die Helferinnen hinter seinem Rücken über ihn tuschelten und sich über ihn lustig machten. Auf meine Frage, wie er sich das erklären könne, antwortete er mit leisem Zögern, dass er hin und wieder ausraste, wenn beispielsweise ein Behandlungszimmer nicht so hergerichtet war, wie er sich das wünschte. „Ich bin hier der Chef und wenn Ihnen etwas nicht passt, können Sie gehen!“ Auf solche und ähnliche Art hatte er wiederholt Argumente der Helferinnen vom Tisch gewischt und Diskussionen beendet, ohne sie noch einmal aufzugreifen und war anschließend zur Tagesordnung übergegangen. Im Raum stehen blieb die Androhung der Kündigung, ohne dass noch einmal Bezug darauf genommen wurde. Kein Wunder, dass er trotz seiner Qualifikation und seiner Position nicht mehr ernst genommen wurde!

Die große Kunst, des „Chef-Seins“ besteht darin, es einfach zu sein, ohne ständig darauf hinweisen zu müssen, dass man es ist; oder gar zu kon-

trollieren oder zu drohen. Autorität kraft Amtes ist keine wirkliche Autorität. Eine Führungskraft verschafft sich dadurch Respekt, indem sie einen offenen Umgang mit Kritik pflegt (und so ihre Schafe schert) und nicht bei jeder Gelegenheit „ein Damoklesschwert aufhängt“ (und ihren Mitarbeitern droht, ihnen das Fell über die Ohren zu ziehen).
„Ich zieh dir das Fell über die Ohren!“ Diesen Satz kenne ich noch von meinem Vater. Diese Drohung hat damals nicht viel genutzt und ich glaube auch heute noch nicht an die Wirksamkeit solcher Ansagen, auch wenn sie in schönere Worte verpackt sein mögen.

What to do?

Gerade, wenn Sie ärgerlich sind, ist es wichtig einen kühlen Kopf zu bewahren. Überlegen Sie was und wie Sie es sagen. Schütten Sie nicht das Kind mit dem Bade aus. Große Drohungen, die keine Konsequenzen haben, fallen auf Sie zurück und schaden nur Ihnen selbst und Ihrem Ansehen.

Breite Äcker werden schmal, so man sie teilet mit der Zahl

Einen Acker kann man nicht unendlich oft aufteilen. Sonst wird aus „unendlich“ leicht „unkenntlich“: Am Schluss hat man nur noch einen Erdklumpen in der Hand und behauptet, das sei „mein Teil vom Acker“.

Es ist eine Zeit lang eine Unart gewesen, Unternehmen in immer kleinere Teams, geführt von je einem Teamchef, umzustrukturieren. Kurze Wege, flache Hierarchien, aber ein immenser Aufwand an Kommunikation. Man munkelte in solchen Firmen spöttisch: „Viele Häuptlinge, aber wenig Indianer!“ Und richtig schlimm war es dann, wenn diese Häuptlinge sich auch wie Häuptlinge aufführten und meinten sie müssten nur noch delegieren und die Ergebnisse kontrollieren. Eine Teilnehmerin eines meiner Seminare berichtete mir kürzlich aus ihrer Firma, die in solche kleinen Teams zerhackt worden war. Ihr Chef hatte jeden seiner fünf Mitarbeiter zu einem persönlichen Mitarbeitergespräch „geladen“. An sich nichts Schlechtes. Aber der Verlauf dieser Gespräche signalisierte, dass er diese Gespräche nur deswegen führte, um sich in seiner Position als Vorgesetzter zu präsentieren. Er wollte mal so richtig Chef spielen, so, wie die anderen, die richtig viel Personal haben. „Er plustert sich nur auf!“, war der Kommentar der jungen Frau. „Im Grunde will er weder etwas von mir wissen, noch will er mir etwas sagen!“ Und wie war ihre Reaktion auf die Vorladung ihres Chefs? Sie wurde einfach an den jeweiligen Terminen krank, das Gespräch wurde auf unbestimmte Zeit verschoben und sie freute sich diebisch, dass sie ihm die so sorgfältig inszenierte Selbstbeweihräucherung vermasselt hatte.

Es ist klar, je häufiger Abteilungen aufgeteilt werden, umso kleiner werden die einzelnen Anteile und um so unübersichtlicher das Ganze. Mehr Besprechungen und Konferenzen werden notwendig, wenn man nicht will, dass eine kleine Abteilung an der anderen vorbeiarbeitet. Insgesamt verkompliziert sich die Verständigung der einzelnen Einheiten und kostet die Mitarbeiter ein Mehr an Energie und das Unternehmen an Kosten, die durch Unproduktivität entstehen.
Viele Häuptlinge oder solche, die sich als solche fühlen, bringen Chaos in die Gänge. Wer hat was wann wem gesagt? Eine schlanke Unternehmensführung mit weniger Zwischenebenen ist möglicherweise sinnvoller und produktiver als eine künstlich hergestellte Hierarchie.

What to do?

Abteilungen aufzulösen, kleinere zu bilden und mit neuen Überschriften zu versehen reicht nicht aus als Unternehmensstrategie. Es muss überprüft und dafür gesorgt werden, dass das Gesamtkonstrukt danach noch zu erkennen und nachzuvollziehen ist.

Vom Werken und Schaffen, von Plänen und Projekten

Jeder Apfel hat einen Wurm …

Wenn man nur lange genug bemüht ist, diesen auch zu finden. Sie kennen diese Bauernregel sicherlich auch als Sprichwort. Dort handelt es sich dann um das berühmte „Haar in der Suppe“, das man findet, rührt man nur oft genug im Teller herum.

In der Arbeit mit Menschen ist eine solche Neigung sträflich. Jeden Vorschlag kann man kritisch betrachten. Das darf man auch, man sollte aber darauf achten, dass man vor lauter Suche nach dem Wurm oder dem Haar den Apfel bzw. die Suppe nicht aus den Augen verliert. Es ist wichtig, Projekte kritisch auf ihre Machbarkeit hin zu durchleuchten. Es ist aber genau so wichtig, sich seine Vision, seinen Glauben an das Gelingen zu bewahren und den jeweiligen Mitarbeiter trotz aller Kritik damit anzustecken. Viele Menschen (vor allem hier in Deutschland) verwechseln Sorgfalt mit Skeptizismus, der häufig nur demontiert. Das hat fatale Auswirkungen. Durch Nörgelei und ständig hochgezogene Augenbrauen sinkt die Motivation der Mitarbeiter auf den Nullpunkt und weitere Vorschläge werden in einer solch skeptisch überschatteten Arbeitsumgebung erst gar nicht eingereicht, denn schließlich hat niemand Lust auf stundenlange Diskussionen und Haarspaltereien. Warum sind diese zermürbenden Projektbetrachtungen dennoch üblich? Ich vermute, häufig wird hier Gewissenhaftigkeit mit Kontrollsucht verwechselt. Ehe für ein Projekt der Startschuss fällt, wird es auf die winzigsten Schwächen hin überprüft. Oft genug verliert es dadurch leider auch den Glanz. Menschen, die auf der Suche nach einem Wurm den Apfel schier sezieren, haben in innovativen Unternehmen zum Glück ganz schlechte Karten. Wer mit seinen Ideen vorne liegen und weiter kommen will, muss schon mal in Kauf nehmen, dass ein Wurm zu finden ist. Diese kleinen Schönheitsfehler sind in der Regel reparabel. Es hat auch schon manch einer einen Wurm im Apfel mitgegessen, ohne es zu merken. Schädlicher für ein Unternehmen ist es, wenn seine Mitarbeiter in eine Art Ideenverweigerung verfallen, weil es zu anstrengend ist „die obere Etage“ dafür zu gewinnen. Kann sein, dass unter 100 Ideen nur eine geniale ist – aber diese Idee ist dann auch kostbar. Als Unternehmen sind Sie auf die Kreativität ihrer Mitarbeiter angewiesen. Wie wäre es also, diese durch Interesse und Wohlwollen zu vermehren, als durch bohrendes, kritisches Nachfragen immer wieder abzubremsen? Wagen Sie den Versuch!

What to do?

Prüfen Sie Ihre Haltung! Ist sie kritisch oder destruktiv? Kritisieren Sie um der Sache Willen oder um zu zeigen, wer der Chef ist?

Machen Sie Ihre Abteilung zu einer Art Ideenschmiede, indem Sie mit den Vorschlägen Ihrer Mitarbeiter konstruktiv umgehen

Därme sind noch keine Würste

„Und was soll ich jetzt tun?“
Ich erinnere mich noch gut an den verzweifelten Blick eines jungen Kollegen. In monatelanger Kleinstarbeit und mit aller Sorgfalt hatte er ein Projekt entworfen und wollte nun den Segen für die Verwirklichung von seinem Abteilungsleiter bekommen. Er war einer der eher zurückhaltenden Menschen, die in ihrem stillen Kämmerlein gute Arbeit leisten. Dann war die entscheidende Besprechung gekommen und ein anderer Kollege auf den Plan getreten, der handstreichartig die Runde für sich gewonnen hatte, indem er in perfekter Manier seine Projektalternative vorstellte. Er analysierte Daten, hantierte mit Folien und jonglierte redegewandt mit Zahlen. Aufkommende Einwände wurden durch seine perfekte Präsentation entkräftigt. Am Ende blieb nicht die Spur eines Zweifels an der Qualität seines Vorschlages und man entschied sich sodann für sein Projekt. Die Vorstellung war zugegebenermaßen sehr beeindruckend und der dynamische Kollege verließ als Gewinner den Raum.
Glücklicherweise wurden für die Realisation seines Projektes Teilabschnitte vereinbart und verbunden damit Termine, an denen bestimmte Planungsphasen abgeschlossen sein sollten. Auf diese Weise blieb das Projekt in der Praxis überprüfbar. In der Tat traten in den folgenden Wochen und Monaten so viele Probleme auf, die aus nicht bedachten Einzelheiten resultierten, dass das Ganze letztendlich scheiterte und der verworfene Vorschlag meines jungen Kollegen wieder an Aktualität gewann.
Fazit: Wir lassen uns oft zu leicht beeindrucken, wenn andere in großen Worten sich und ihre Belange darstellen. Der eigene Zweifel an uns wird

dann berührt. Sind wir wirklich so kompetent, wie wir von uns glauben? Erfüllen wir unsere Aufgaben mit der maximalen Gewissenhaftigkeit? Sind wir wirklich am richtigen Platz? An solchen zweifelsreichen Tagen sind wir besonders empfänglich für das Flötenspiel von Rattenfängern. Wir lauschen gebannt dem Lied und hören nicht, dass vielleicht die viel versprechendere Melodie nur mit heißer Luft geblasen wird. In Momenten dieser Art werden wir dann innerlich ganz klein und sind voll damit beschäftigt dies zu verbergen, damit auch ja niemand merkt, wie klein wir sind. Das bindet Kräfte, die wir eigentlich dafür bräuchten, uns auf unsere Stärken zu besinnen.

What to do?

Blendende Präsentationen sagen nicht alles über einen Menschen oder ein vorgeschlagenes Projekt aus. Überprüfen Sie also genau Kompetenzen und Hintergründe. Setzen Sie auf Qualität und lassen Sie sich nicht von bunten Federn blenden.

Wer deutlich spricht zur rechten Zeit, spart Kosten sich und Streitigkeit

„Nein, heute nicht", war die Antwort einer Mitarbeiterin vor einer Besprechung, „ich bin noch nicht so weit, das Projekt in großer Runde vorzustellen. Es fehlen mir noch ein paar Fakten. Lassen Sie es uns nächste Woche in die Tagesordnung aufnehmen." Doch die folgende Woche fiel die Sitzung wegen der Osterfeiertage aus und die Woche darauf waren viele der Beteiligten noch nicht aus dem Urlaub zurück. Als endlich wieder die wöchentliche Besprechung stattfand, wurde ein neuer Kollege begrüßt. Erst eine Woche später war es dann so weit, dass meine Mitarbeiterin ihr Projekt vorstellen konnte, an dem sie mittlerweile mehrere Wochen gearbeitet hatte. Die Besprechung dauerte nur wenige Minuten. Es wurde ziemlich bald festgestellt, dass eine andere Abteilung das gleiche Projekt bearbeitete und mit ihrer Version bereits wesentlich weiter war. Das Projekt wurde abgelehnt. Der Kollege aus der anderen Abteilung hatte seinen Vorschlag über ein „Nebengleis" fahren lassen. Meiner Mitarbeiterin nützte das alles nichts. Sie hatte über Wochen viel Kraft und Herzblut investiert, andere Kollegen mitbegeistert und eine perfekte Vorlage ausgearbeitet. „Das ist ungerecht", jammerte sie in meinem Büro. „Ich habe so viele gute Ideen in meinem Vorschlag." Aber sie hatte das Wichtigste versäumt. Sie hatte nicht darüber gesprochen, zumindest nicht mit den maßgeblichen Stellen die ganze Sache abgeklärt. Nun war die Gelegenheit versandet, obwohl es sie bereits viel Arbeitszeit gekostet hatte. Ich konnte nichts anderes tun als meine Mitverantwortung mit einzugestehen, da ich auch nicht entschieden genug nachgefragt hatte und klare Anweisungen vermied. „Dann reichen Sie die Details eben nach! Wichtig ist, das Ganze mal auf den Weg zu bringen!", hätte ich ihr auf ihre erste abschlägige Antwort erwidern sollen. Heute weiß ich, dass man Dinge am besten möglichst frühzeitig anspricht und regelt, bevor größere mentale Investitionen stattgefunden haben. Das verhindert Frustration und Arbeitskraftverlust.

What to do?

Warten Sie nicht bis ihre Vorschläge „wasserdicht" sind. Veröffentlichen Sie ruhig auch Projektskelette, um sich abzusichern, dass Sie nicht parallel mit Kollegen arbeiten, die Ihnen dann am Ende die Wurst vor der Nase wegschnappen.

Aus Eiern entspringt nichts Vierfüßiges

Zugegebenermaßen habe ich erst einmal gestutzt, als ein Praktikant diesen Satz zu mir sagte. Es war seine Antwort auf einen Auftrag, den ich ihm erteilen wollte. Ich war wieder einmal im Zeitdruck und hatte ihn gebeten, mir „mal eben schnell" eine Statistik der Management-Review-Kandidaten zu erstellen, die ich in einem kurzfristig angesetzten Meeting vorlegen wollte. Der Praktikant ließ sich auf den Job nicht ein, sondern erklärte mir, dass mit einer solch schnell erstellten Statistik allenfalls ein Stammtisch zu beeindrucken sei, nicht aber eine Geschäftsführerrunde. „Tja", sagte er und zuckte mit den Schultern, „aus einem Ei entspringt nun mal nichts Vierfüßiges!" Aus einiger Distanz betrachtet war dies tatsächlich in der vorgegebenen Zeit nicht zu bewerkstelligen. Zumindest nicht in einer vernünftigen Form.

Ja, wir Führungskräfte wünschen uns manchmal die eierlegende Wollmilchsau, die uns je nach Bedarf das liefert, was wir gerade brauchen, und zwar – wenn's geht – bereits gestern. Ich habe in der Folge dieser kleinen, oben beschriebenen Episode viel darüber nachgedacht, woran das liegen könnte. Zum einen spielt es sicher eine Rolle, wenn wir „die Latte hoch anlegen", dass wir gute Ergebnisse in kurzer Zeit haben wollen und dabei über das Ziel hinausschießen. Manchmal ist es aber vielleicht auch so, dass wir schlicht und ergreifend in unseren Sphären „schweben" und die Verbindung zu konkreten Arbeitsvorgängen verloren haben, deshalb nur noch an das Ergebnis denken und gar nicht mehr daran, wie es zustande kommt. Bei mir gehen mittlerweile die roten Alarmlampen an, wenn so etwas passiert. Es bedeutet nämlich nichts anderes als dass die Entscheidungen, die ich treffe, tendenziell nichts mehr mit den praktischen Gegebenheiten und der konkreten Wirklichkeit in meinem Unternehmen zu tun haben und meine Phantasie, die von meinen Wunschvorstellungen geprägt ist, mir wieder einmal einen Streich gespielt hat. Und das ist die beste Grundlage für Fehlentscheidungen.

What to do?

Überprüfen Sie hin und wieder Ihre „Bodenhaftung"! In großen Dimensionen zu denken und Strategien zu entwickeln bedeutet nicht zwangsläufig, den ganz praktischen Weg außer Acht zu lassen, der zu den Zielen führt.

Übel begonnen – Unheil gewonnen

Meine Mutter ist keine Bauersfrau, aber auch sie kannte schon diesen Spruch, wenn auch in anderer Form: „Wie der Anfang, so das Ende", sagte sie immer, wenn ich mich mit einer Sache schwer tat, mal wieder eine gute Idee hatte und sie „auf Teufel komm raus" realisieren wollte. War es auch nur die Planung einer Radtour mit Freunden, die sich als schwierig erwies. Der eine hatte kein Fahrrad, der andere schon etwas anderes vor und der dritte musste seinen Eltern zuhause helfen. Meist waren diese Tage dann auch in der Tat eher unerquicklich und oft misslang die mühsam geplante Tour. Offenbar scheint in den Anfängen einer Sache tatsächlich eine besondere Magie zu liegen, die uns auch die Möglichkeit bietet, ein Gefühl für den Fortgang eines Projektes zu entwickeln. Schwierige Überzeugungsphasen, Mitarbeiter, die sich querstellen und Kollegen, die nicht mitziehen, Gelder, die nicht so recht fließen wollen, können ein Anzeichen dafür sein, eine Idee noch einmal zu überprüfen. Vielleicht ist ihre Zeit einfach noch nicht gekommen oder ein wichtiger Aspekt ist noch nicht berücksichtigt worden. Ich persönlich halte nichts davon etwas „auf Biegen und Brechen" durchzuziehen und Personen und Argumente kraft meiner Position zu überrollen. Das kostet nicht nur viel Zeit und Kraft, sondert erfordert auch ein ganz zähes persönliches Engagement, das ich offen gestanden lieber in Projekte stecke, die schon in ihren Anfängen im Fluss sind und mehr Aussicht auf Erfolg zeigen. Ich meine damit nicht, dass man für Ideen und Visionen, von denen man im tiefsten Inneren überzeugt ist, nicht kämpfen sollte. Aber mit Gewalt an eine Sache heranzugehen, den Unwillen der Umgebung zu provozieren und im Zweifelsfall mit Autorität die eigenen Ideen durchzusetzen ist ein äußerst fragwürdiger Anfang. Der Schaden, den man damit stiftet, ist größer als der Gewinn. Einmal ganz abgesehen von der Fraglichkeit des Gelingens. Meist müssen nach solchen Aktionen Dinge wieder gerade gebogen werden. Mit Einfühlungsvermögen und Beobachtungsgabe, mit einem gewissermaßen „bäuerlichen" Blick nach dem Stand der Zeiten ist der Weg zum Ziel in der Regel einfacher und erfolgversprechender als mit der Brechstange.

What to do?

Verlassen Sie sich auf Ihren natürlichen Instinkt, der Ihnen schon bald meldet, ob eine Sache, ein Projekt einen guten Verlauf haben wird. Wenn Sie eine innere Warnung spüren, nutzen Sie diesen Moment des Zögerns und überdenken Sie das Projekt noch einmal.

Die nur ein Schaf haben, reden am meisten vom Wollmarkt

Oh je, kennen Sie die auch, diese Menschen die auf jede – gestellte oder ungestellte – Frage eine Antwort haben, über alles Bescheid wissen und zu jedem Thema ihren Senf dazu geben können? Sie haben immer einen guten Rat parat und wenn man nicht aufpasst, vermitteln sie einem auch noch obendrein das Gefühl, klein und fehlbar und unzulänglich zu sein, weil sie eben für jedes Problem die bessere Lösung haben. Meistens handelt es sich dabei um Männer. Man hat uns schon in jungen Jahren das Gockeln beigebracht, das altbewährte Balzverhalten, das in unseren emanzipierten Zeiten eigentlich seinen Sinn verloren hat. (Aufgeblasene Männer sind seit geraumer Zeit aus der Mode gekommen, wie mir scheint.) Ich für meine Person bin vorsichtig geworden, wenn jemand zu laut von seinen Erfolgen spricht und erinnere mich schmunzelnd daran, wie ich vor Jahren mit einer Gruppe von Abteilungsleitern einen Kongress besuchte. Ich verfolgte mit großem Interesse die Vorträge und Veranstaltungen, die auf dem Programm standen. Zahlreiche Anregungen für meine Arbeit konnte ich daraus ziehen und war insgesamt sehr beeindruckt. Zum Mittagessen traf ich mich mit einem Kollegen aus meiner Firma. „Das ist doch alles sehr spannend!", sprudelte dieser los, „ich habe mir einiges aufgeschrieben, was ich bei uns einbringen kann. Damit kann ich einiges beim Vorstand bewegen!" So etwas wie ein schlechtes Gewissen stieg in mir auf. Ich war in Gedanken noch bei dem Referenten, dessen Vortrag ich als letztes gehört und der mich sehr beeindruckt hatte. Notizen hatte ich mir keine gemacht, sondern „nur" den Vorträgen gelauscht, um sie als Ganzes auf mich wirken zu lassen.

Außerdem gab es ja auch noch den Kongress-Reader. Mein Kollege fuhr indes fort, Pläne zu schmieden, was er mit seinen Notizen noch alles zu tun gedachte und was ihn karrieretechnisch um Längen nach vorne bringen würde. Ich sah vor meinem geistigen Auge bereits, wie Aktenordner voller Daten entstanden, deren Wert für den Aufstieg meines Kollegen ins Unermessliche stiegen, als dieser in seine Brusttasche griff, um ein wirklich winziges Notizblöcklein herauszuziehen, auf dem ein paar wenige Stichworte notiert waren. „Hier, zum Beispiel...", sagte er und wurde aber in eben jenem Moment von der Bedienung unterbrochen, die uns die Tomatencremesuppe brachte. Ich musste beinahe losprusten. Aber ich habe dann doch nur leise in mich hineingelächelt. Über ihn, aber auch über mich, wie leicht ich mich von seinen „großen" Worten hatte ins „Bockshorn jagen lassen". Nach der Suppe hatten wir dann auch das Thema gewechselt.

What to do?

Lassen Sie sich nicht beeindrucken von viel Text, den einer absondert. Was zählt, sind die Taten, die zu den Worten gehören.

Von Dornen und Unkraut, vom Sprechen und Wirken

Distel und Dornen stechen sehr, falsche Zungen noch viel mehr

Fast nichts übt einen solchen Reiz auf Menschen aus wie Tratsch. Das Sprechen hinter „vorgehaltener Hand", die Information die man aus sicherer Quelle hat und die „natürlich vertraulich" ist. Der Gerüchteempfänger fühlt sich durch das ihm entgegengebrachte Vertrauen gebauchpinselt und nützt seinerseits das Gerücht, um einem anderen sein Vertrauen zu zeigen. Und je länger ein Gerücht unterwegs ist, desto mehr wächst es. Jeder, der es weitergibt, gibt noch seinen Senf zu seiner Version dazu. Kursierende „Infos", Namen, die „man im Moment nicht nennen kann", die vermeintliche Sicherheit, dass „die Gläubiger schon auf der Matte stehen" oder dass „der Chef bereits seinen Schreibtisch (auf)räumt" oder dass „Kollege X mit Kollegin Y ein Verhältnis hat" sind austauschbar und in jedem Unternehmen zu finden. Es „menschelt" eben, wo Menschen miteinander arbeiten. Vielleicht gehört der Tratsch zu unserem Miteinander dazu. Schlimm wird es, wenn aus einem harmlosen Tratsch tatsächlich ein großes Gerücht wird, in dessen Mittelpunkt ein Mitarbeiter steht, dem dadurch ernsthafter Schaden zugefügt wird. Das nennt man dann neuhochdeutsch „Mobbing", wenn wahre Hintergründe fehlen. Ist ein großes Gerücht erst einmal in Umlauf, ist es nur noch schwer zu stoppen und kann großen Schaden sowohl für das Ansehen von Einzelnen, als auch für das von ganzen Teams oder Abteilungen zur Folge haben. Wie wir alle wissen, halten sich Gerüchte sehr hartnäckig. Sie können die Stimmung in einem Unternehmen komplett beeinflussen und bei den Mitarbeitern zu Verunsicherung und Lähmung führen. Sollte das Gerücht einen wahren Kern haben, dann ist zu überprüfen, wieso ein Gerücht als Medium benötigt wird, um auf Fehler oder Dysfunktionen aufmerksam zu machen. Ist es – und das ist meistens der Fall – eine Halb- oder Unwahrheit, im Ursprung der Fantasie eines Mitarbeiters zuzuschreiben, eine Geschichte, die man mal eben schnell in die Runde wirft, dann wird es höchste Zeit, zu intervenieren und die Herkunft der Informationen zu ermitteln.

What to do?

Sorgen Sie dafür, dass in Ihrem Unternehmen oder Ihrer Abteilung eine offene und klare Stimmung herrscht. Bestehen Sie auf die Quelle, wenn man Ihnen Informationen unter der Hand zuspielt. Sprechen Sie unvoreingenommen mit den Menschen, die von einem Gerücht betroffen sind. Machen Sie sich und Ihren Mitarbeitern klar, dass nicht nur der Verursacher eines Gerüchts vielleicht einen Fehler gemacht hat, sondern auch diejenigen, die es unbedacht weitertragen.

Eine Lüge schleppt zehn andere nach sich

Ach wie schade Mama, da können wir nicht kommen. Wir sind bereits eingeladen."
„Bei wem denn?"
„Ähem...bei Krauses."
„Ich dachte, die sind im Urlaub?"
„Äh... nein, die sind schon wieder da."
„Hat es ihnen nicht gefallen?"
„Doooch. Aber Kurt ist krank geworden."
„Ach, der Arme. Da will ich ihn gleich mal anrufen. Es ist ja hoffentlich nichts Schlimmes..."

Und dann ruft Mama bei Krauses an, die natürlich nicht zu Hause sind. Und Kurt Krause trinkt im fernen Mallorca gerade genüsslich ein Glas Bier in einer Strandbar und hat keine Ahnung, dass er eigentlich ziemlich krank ist und ihm von unserem Protagonisten da oben gerade strenge Bettruhe verordnet worden ist...

Notlügen können funktionieren, müssen aber nicht. Sie können im privaten wie auch im geschäftlichen Bereich ganz schnell zum Bumerang werden und das Gegenteil von dem bewirken, was man eigentlich beabsichtigt hatte. Mit Notlügen versucht man in der Regel unangenehmen Situationen auf sanfte Art und Weise aus dem Weg zu gehen. Wir wollen vermeiden, dass wir in einem schlechten Licht dastehen oder das Gegenüber sich von uns abgelehnt fühlt. Oder man schafft es einfach nicht, ein klares Nein über die Lippen zu bringen und verkleidet es in eine Geschichte, indem man einen Sachzwang oder „widrige Umstände" erfin-

det, die unterm Strich dann Nein bedeuten. Der Sachzwang entledigt den Nutzer einer Notlüge seiner Verantwortung und so trifft ihn keine Schuld an einem vermeintlichen Nichtgelingen einer Sache. Wenn eine Notlüge dann „auffliegt", kann sie sehr viel Schaden anrichten. Die eigentlichen Gründe für das Nein oder das Nichtgelingen kommen ans Tageslicht und zusätzlich wird auch noch das Vertrauen zwischen den beiden Gesprächspartnern oft in einem erheblichen Maß gestört.
Notlügen sind letztlich immer ein Zeichen von Angst vor Konsequenzen und Sich-unter-Druck-fühlen.

What to do?

Schaffen Sie in Ihrer Abteilung ein Klima, das Notlügen unnötig macht. Fehler sind dazu da, aus ihnen zu lernen, und nicht, eine Strafe in Form einer strammen Rede oder gar Liebesentzug zur Folge zu haben.
Stehen Sie auch selbst zu Ihren Entscheidungen. „Schwächeln" Sie nicht, wenn es darum geht, klar Stellung zu beziehen.

Wenn der Gärtner schläft, pflanzt der Teufel Unkraut

Die Situation kommt mir bekannt vor und Ihnen aus Ihrem Arbeitskontext vielleicht auch. Sie haben den ganzen Vormittag gearbeitet, Projekte „gepflanzt", ausufernde Abläufe „beschnitten" und Mitarbeiter „umgetopft". Die Besprechung war lang und Sie mussten immer wieder gegen Widerstände ankämpfen. Ihre Argumente waren überzeugend und doch blieb ein Mitarbeiter kritisch und bei seinen Überzeugungen, entdeckte Mängel, wo Sie keine sahen, hatte Bedenken, wo für Sie die Lösung klar auf der Hand lag, hatte immer neue Ideen, die er in der großen Runde diskutieren wollte. Und nun ist bald Mittagspause. Für Sie ist „der Käse gegessen", die wichtigen Punkte sind abgehakt, Sie sind zufrieden mit dem Verlauf der Besprechung. Und schon schweifen Ihre Gedanken ab: vielleicht zur Zitronenblüte nach Italien, wo sie in Kürze Ihren Urlaub verbringen werden, oder Sie denken daran, dass Sie vielleicht später einmal Weinbauer werden wollen und solche Besprechungen nur noch ein Teil Ihrer Erinnerung sein werden. Vielleicht denken Sie auch nur daran, dass Sie an Ihrem Wagen dringend den Ölwechsel machen lassen müssen. Achtung: Das sind genau die berüchtigten Momente, in denen die Gegenseite versuchen wird, ihre Ideen und Ansichten auf die Schnelle und kurz vor Schluss an Ihnen vorbei „durchzudrücken". Ruckzuck werden Sie ein paar Tage später zwischen Ihren sorgsam gehegten Keimlingen Kräuter sprießen sehen, die da gar nicht hingehören, und infolgedessen Un-Kräuter sind. Schon Shakespeare hat gesagt: „Schöne Blumen wachsen langsam, nur das Unkraut hat es eilig!" Vorzugsweise geschehen solche Übergriffe auch während Krankheitszeiten, Urlauben oder an freien Tagen. Das Ackerland wird zum Niemandsland erklärt und kräftig bearbeitet. „Es war ja niemand da, mit dem man hätte sprechen können!“, wird es später heißen, wenn Sie sich bei Ihrer Rückkehr über den verwilderten Garten wundern. Oder man wollte niemanden im Urlaub oder im Krankenbett stören. Die Abwesenheit – sei sie physisch oder „nur“ mental – wird in diesen Fällen ausgenutzt, um jemanden zu übergehen oder um zu verhindern, dass jemand „etwas mitkriegt“.

Zu verhindern sind solche Übergriffe wohl nie ganz. Aber Sie können Ihre Mannschaft stark machen, um dagegenzuhalten und für eine loyale Vertretung sorgen, wenn bei Ihnen Abwesenheitszeiten vom Unternehmen anstehen.

What to do?

Wir können nicht ganz verhindern, dass Menschen ihre Ziele verfolgen, die nicht unsere sind, und gegen uns planen. Aber eine offene Arbeitsatmosphäre und ein gutes Betriebsklima, das kollegial und freundlich ist, sind ein schlechter Nährboden für Unkraut.

Es schlafen nicht alle, die die Augen zu haben

Auch wenn ihr Kopf vielleicht schon tief auf die Schultern gesunken ist und der Stütze bedarf, damit er nicht auf die Tischplatte fällt.

Kennen Sie Clint Eastwood, der in einem seiner frühen Filme irgendwo in einem Saloon an einem Tresen lehnt, unbeteiligt an seinem Zigarillo kaut, so tut als ob ihn das, was da passiert, überhaupt nichts angeht und plötzlich aus der Hüfte schießt?

Genauso kommen mir manche Mitarbeiter vor, wenn sie in Besprechungen sitzen, mit ihrem Stift spielen und zuhören, ohne sich aktiv in Gespräche einzuklinken. Dinge werden verhandelt, überdacht und wieder verworfen. Sie sitzen dabei und vermitteln den Eindruck, ein wenig abwesend zu sein. Dass sie hellwach waren und im Geiste das ganze Gespräch protokolliert haben, erfährt man dann im Nachhinein, wenn Informationen und Vorschläge, die diese „Lauscher" weitergeben, die aber nicht auf ihrem eigenen „Mist" gewachsen sind, an anderer Stelle auftauchen. Ein solches Verhalten ist extrem teamschädigend. Nicht nur, dass eine Person sich mit den Verdiensten einer ganzen Gruppe schmückt, sie bringt sich auch selber in die Gruppe und die Gruppenprozesse nicht ein. Sie ist sozusagen ein schwarzes Loch, das Energie verschlingt, aber nicht wieder freigibt.

Bei den menschlichen Anfängen im fernen Neandertal machte ein solches Verhalten sicher noch Sinn, als jeder noch gegen jeden kämpfen musste, um überleben zu können. Seither sind einige tausend Jahre vergangen. In unserer heutigen Zeit, wo in der Arbeitswelt Teamqualitäten

gefragt sind, ist es sehr wenig förderlich für eine gute Zusammenarbeit und eine gute Arbeitsatmosphäre.
In einem Team zu arbeiten, bedeutet nicht, ausschließlich an das Wohl der eigenen Person zu denken, sondern sich in eine Gruppe und ihre Strukturen zu integrieren. Teamarbeit erfordert den Mut, eigene Ansichten und Haltungen zu formulieren und zur Diskussion zu stellen und die Bereitschaft, seine Kraft der Allgemeinheit zur Verfügung zu stellen und Ergebnisse gemeinsam zu erreichen.
Wenn wir als Vorgesetzte in unseren Bereichen Einzelgänger solcher Art erkennen, dann ist es wichtig zu reagieren und zu versuchen, in Gesprächen solche „Verhaltensauffälligkeiten" zu klären. Sonst gibt es bei Besprechungen irgendwann nur noch offene Ohren, aber niemand mehr, der etwas sagt.

What to do?

Gibt es in Ihrer Abteilung „schwarze Löcher"? Nehmen Sie sie ernst, bevor aus Ihrem Team ein Rudel von Desperados wird, die an der Theke lehnend an ihren Zigarillos kauen...

Vom Hörensagen wurde schon manchem aufs Maul geschlagen

„So schnell lass' ich mich nicht über den Tisch ziehen, dem habe ich meine Meinung gegeigt!" Diese Aussage eines Mitarbeiters, mit dem ich eine Unterredung geführt hatte, war mir auf dem Flur zu Ohren gekommen. Bei unserem Gespräch war es um die Urlaubsplanung gegangen. Mit meiner Unterschrift auf seinem Urlaubsantrag hatte ich noch gezögert, weil noch nicht klar war, welche Mitarbeiter im gleichen Zeitraum ebenfalls in Urlaub waren. Schließlich musste das Funktionieren seines Büros gewährleistet sein. Das hatte Herrn U. in Aufregung versetzt und er hatte um einen Gesprächstermin bei mir gebeten. Unsere Unterredung war auch in einem ruhigen und kooperativen Ton verlaufen. Herr U. hatte meine Bedenken verstanden und ich sah ein, dass er so schnell wie möglich seinen Familienurlaub planen musste. Der Konsens war der, dass die Urlaubsplanung binnen weniger Tage abgeschlossen werden sollte. Auf diese Art hatte er mir „die Meinung gegeigt".

Nicht erst seit dieser persönlichen Erfahrung bin ich äußerst skeptisch, wenn Menschen sich mir gegenüber brüsten, wie sie einem anderen „tüchtig den Marsch geblasen" oder wieder einmal „mit der Faust auf den Tisch gehauen" haben. Die meisten Berichte dieser Art haben sowohl einen Informationswert als auch einen Wahrheitsgehalt, der gegen Null strebt. Viel Getöse und null Effekt. Da will sich jemand „groß machen", weil er in Wirklichkeit ein eher „kleines Vögelchen" ist. Oft handelt es sich dabei um Menschen, die vielleicht frustriert sind und denen die Anerkennung fehlt. Sie versuchen auf diese Weise zu erhalten, was man ihnen vorenthält oder was sie sich selbst versagen. Im „Ernstfall" wird auf sie kein Verlass sein, wenn es darum geht, dass sie für eine Person oder Sache geradestehen. Man kann ein solches Verhalten als Signal sehen, dass der Mitarbeiter sich vielleicht vernachlässigt fühlt oder aus sonstigen Gründen unzufrieden ist. Nachfragen kann Abhilfe schaffen.

What to do?

Lassen Sie sich von Kraftprotzereien dieser Art nicht beeindrucken. Fragen Sie im Zweifelsfall genau und sachlich nach. Wer hat mit wem gesprochen und warum? Welche Informationen sind von Wert und bringen Sie und Ihre Sache wirklich weiter?

Der Bauer ist aus dem Haus, aber der Gestank ist geblieben

Ich habe mir sagen lassen, dass es mehrere Jahre dauern kann, bis man einen Relaunch bei einem Radiosender erfolgreich durchgeführt hat. Die Hörer warten noch monatelang auf ihre alte, geliebte Musikfarbe, die Art und Weise, wie Beiträge gesendet wurden und die Sendeplätze, auf denen ihre Lieblingssendungen zu hören waren. Frühere Moderatoren und Sendungen werden schmerzlich vermisst und immer wieder melden sich Hörer in der Redaktion, weil sie es einfach nicht begreifen wollen, dass ihr Sender zwar immer noch den gleichen Namen hat, aber völlig anders klingt.

Eine Veränderung innerhalb einer Abteilung, besonders dann, wenn jemand unfreiwillig „von oben" ausgewechselt wird, vollzieht sich ähnlich. Dafür gibt es immer Gründe, seien sie strategischer oder auch personalpolitischer Natur. Je weniger Verständnis jedoch die Mitarbeiter für einen Wechsel aufbringen, desto länger wird der erwünschte Veränderungsprozess dauern. Dabei spielt es überhaupt keine Rolle, welche vielleicht gravierenden Fehler der ersetzte Mitarbeiter gemacht hat. Viel ausschlaggebender ist die Sympathie, die er in der Abteilung genossen hat. Sympathie ist eine Herzensregung, die nicht auf klaren Sachverhalten beruht. Sie ist schlicht und ergreifend eine Emotion, die noch dadurch verstärkt wird, dass man eine Entscheidung nicht nachvollziehen kann. Ein Nachfolger wird es unter solchen Umständen um ein Vielfaches schwerer haben, als er es sowieso schon hat, seine neue Linie zu vertreten und durchzusetzen. Allein schon die Tatsache, dass er praktisch die Alternative zu einem Sympathieträger ist, wird ihn für eine Abteilung unsympathisch machen, wenn die Mitarbeiter die Gründe für einen solchen Wechsel nicht nachvollziehen können. Diese Schwierigkeiten kann man dem Unternehmen und dem „Neuen“ ersparen, indem man Entscheidungen transparent macht und die Mitarbeiter offen über die Grundlagen einer Personalentscheidung aufklärt. Je klarer und deutlicher es ist, welches Ziel ggf. eine neue Strategie verfolgt und wer davon betroffen ist, umso eher können sich Mitarbeiter auch dafür erwärmen und sich dafür engagieren.

What to do?

Machen Sie deutlich, was Sie zu verändern wünschen und warum. Geben Sie Ihren Mitarbeitern – wenn möglich – Gelegenheit, mitzuentscheiden. Wertschätzen Sie die Arbeit einer Abteilung unter der alten Führung und zeigen Sie, dass Sie an das Allgemeinwohl denken.

Wer den Mund spitzt, muss auch flöten

Ein Bekannter schwärmte mir von einem befreundeten Kollegen vor. „Den musst du kennen lernen“, sagte er immer wieder mit wichtiger Miene. „Ihr beide, ihr könntet zusammen etwas bewegen!“ Leider klappte es mit dem Treffen nie. Es kam immer wieder etwas dazwischen. Mit jedem weiteren „Mensch, ihr müsst euch unbedingt mal treffen!“ wurde meine Laune schlechter und ich fragte mich, warum mein Bekannter den Kontakt mit „Mr. Wunderbar“ nicht einfach herstellte. Um Sie nicht länger auf die Folter zu spannen: Ich habe diesen Menschen bis zum heutigen Tage nicht getroffen! Meinen Bekannten treffe ich mittlerweile auch nicht mehr.

Schlusspunkt unserer Verbindung war ein wütendes „Du bläst dich mit deinen Verbindungen doch nur auf! Ich will kein Wort mehr über diesen Typen hören!“, mit dem ich unser letztes Treffen relativ abrupt beendete, ohne auch nur eine Antwort abzuwarten. Er hatte zuvor mal wieder von seinem tollen Kollegen gesprochen. Nachdem mein Zorn verraucht war und sich meine Enttäuschung gelegt hatte, kam mir in den Sinn, dass mein Bekannter schon des Öfteren auch in der Vergangenheit Ansagen gemacht hatte, die er nicht eingelöst hatte. In volksnahen Kreisen werden solche Menschen als „Schwätzer“ tituliert. Sie erzeugen durch mehr oder weniger große Reden Erwartungshaltungen, weil man ständig damit rechnet, dass etwas losgeht, aber es passiert nichts.

Die Frustration, die bei den passiv Beteiligten dadurch entsteht, ist die eines Esels, dem man die Karotte vor die Nase hält, sie ihm aber nie zu fressen gibt. Irgendwann wird dieser nicht mehr auf diesen Trick hereinfallen. „Der redet ja nur“, heißt es dann und das führt dazu, dass diejenigen, die viel reden, aber nichts umsetzen, nicht mehr ernst genommen werden.

Eine Maßnahme, die *alles* zum Besseren verändern könnte, ein Vorschlag, wie man *alles* besser machen könnte, ein Kontakt, der *optimale* Ergebnisse zeitigen könnte, ist schnell einmal in eine Mitarbeiterrunde geworfen. Man steht dann erst einmal gut da. Bedenken Sie aber, dass egal, ob es Nachlässigkeit, Selbstdarstellung oder die vermeintliche Schaffung von Anreizen ist, die einem Vorschlag zu Grunde liegen: Ein Vorschlag, der keine praktische Umsetzung erfährt, tut einem keinen Gefallen.

Wer „A" sagt, muss auch „B" sagen, meint der Volksmund dazu.

What to do?

Halten Sie sich an das, was Sie sagen. Das Gedächtnis der Mitarbeiter ist besser, als wir glauben. Begründungslos unrealisierte Ansagen führen zum Verlust der Glaubwürdigkeit des „Ansagers".

Vorher Bescheid, nachher kein Streit

Das habe ich nie gesagt!" Kennen Sie diesen Satz? Und dann wären da noch: „Das war doch so gar nicht abgemacht!" oder „So hatte ich das nicht gemeint!"

Wir reden und reden, gehen von einer Sitzung in die nächste, telefonieren Stunden um Stunden und am Ende laufen Dinge doch immer wieder schief, weil es offenbar Missverständnisse gegeben hat, jemand etwas falsch verstanden hat. Woran liegt das denn? Wir hören den anderen konzentriert zu, wir bringen Dinge deutlich zum Ausdruck, wir glauben, etwas in allen Einzelheiten verstanden zu haben und dass wir das, was wir sagen wollten, gesagt haben. Aber offenbar bleibt häufig etwas auf der Strecke vom Mund des Senders zum Ohr des Empfängers. Offenbar genügt es nicht, zu glauben, dass alle es so verstanden haben, wie wir es meinten.

Es gibt in der Kommunikationslehre die zugegebenermaßen trockene Übung des „kontrollierten Dialogs". Zwei Teilnehmer sitzen zusammen und der eine berichtet dem anderen einen Vorfall oder einen Sachverhalt. Die Aufgabe des zweiten ist es, das Gehörte mit eigenen Worten noch einmal wiederzugeben. Der erste korrigiert dann die Version des zweiten. So geht das, Gedanke für Gedanke. Man glaubt gar nicht wie viele Missverständnisse in solch einem kleinen „Kreis" bereits möglich sind. Sinn der Übung ist es, eine Sensibilität dafür zu entwickeln, wie wir sprechen und was wir hören und auf diese Art und Weise die Ursachen von Missverständnissen, an denen wir beteiligt sind, zu erfahren.

Eine Umsetzung für unseren Arbeitsalltag wäre es, in unserer Kommunikation möglichst klar zu sein und wenig Interpretationsmöglichkeiten zu bieten oder auf der anderen Seite im Zweifelsfall einfach nachzufragen: „Sie fahren nächste Woche zu der Besprechung in die Schweiz. Was bedeutet das genau? Verstehe ich es richtig, dass Sie dann erst am Freitag wieder im Büro sind?“ Eine Nachfrage kann viel Ärger ersparen. Man kann seine Mitarbeiter sozusagen auch zu einer klaren Kommunikation erziehen, indem man selbst versucht, in seinen Äußerungen möglichst klar zu sein. Je genauer wir einen Sachverhalt schildern und je konkreter wir nachfragen, desto häufiger ersparen wir uns Bemerkungen wie: „Das versteht sich doch von selbst!“ Es versteht sich wenig von selbst, besonders wenn mehr als einer am Tisch sitzt.

What to do?

Wir können nicht davon ausgehen, dass unser Gegenüber mit unseren Ohren hört oder den gleichen Hintergrund hat, den wir selbst haben, wenn er etwas sagt. Gehen Sie auf Nummer „SICHER“, indem sie sich ein Stück Unsicherheit bei Gehörtem und Gesagtem bewahren. Fragen Sie nach!

Mit dreckigem Wasser kann man sich nicht sauber waschen

Da hilft alles rubbeln nicht! Ein Schmierfilm wird zurückbleiben und wenn er erst sichtbar wird, wenn die Sonne draufscheint.
In unserer medienbestimmten Zeit ist es sehr wichtig geworden, wie Unternehmen sich in der Öffentlichkeit präsentieren. Manche Fernsehsender warten wie die Geier darauf, dass irgendwo Ungereimtheiten auftauchen, Pannen vorkommen, die Quartalszahlen nicht mehr stimmen oder ein Vorstand ein Unternehmen verlässt, um dann die Geschichte regelrecht aufzublasen und sich darüber zu empören. Personalwechsel und Umsatzschwankungen gehören zum Geschäft, haben aber im Zeitalter von Börsenboom und Volksaktien eine neue Bedeutung gewonnen. Manch eine Branche hat einen schlechten Ruf wegen ihrer Korruptionsskandale oder ihrer unsauberen Auslandstätigkeiten. Jede Nachricht – ob gut oder schlecht – hat auf jeden Fall heute Auswirkungen auf das Image eines Unternehmens und damit auf die Umsatzzahlen.
Vor Jahren machte ein großes Automobilunternehmen Schlagzeilen, weil eines seiner neuen Modelle den „Elchtest" nicht bestand. Der Wagen kippte von der Strasse, wenn man einem plötzlich auftauchenden Hindernis auf der Strasse ausweichen wollte. Ein Desaster schien sich anzubahnen. Werte wie Zuverlässigkeit und Sicherheit, mit denen das Unternehmen jahrelang geworben hatte, erschienen in einem höchst zweifelhaften Licht. Das Krisenmanagement in dieser heiklen Situation war beispielhaft und ist mittlerweile sogar in Büchern dokumentiert. Man stattete nicht nur dieses neue Modell mit einem elektronischen Stabilitätsprogramm aus, das den Mangel behob – und das übrigens mittlerweile

in allen Modellen zu finden ist -, eine schnell eingesetzte Taskforce entwickelte auch eine einzigartige Kommunikationsstrategie, mit der es nicht nur gelang, die angeschmutzte Weste des Unternehmens wieder sauber zu waschen, sondern die auch zu einem erheblichen Imagegewinn der Marke führte. „Elchtest" wurde auf diese Art und Weise zu einem geflügelten Wort, das sogar Aufnahme in den Duden gefunden hat. Man versuchte den Mangel gar nicht erst schön zu reden, sondern ging damit in die Offensive und nutzte so den Vorfall für die eigene PR.

What to do?

Ein altes Theatergesetz lautet: Was du nicht verbergen kannst, das musst du zeigen! Das bedeutet nichts anderes, als dass man Vorgänge, die man eigentlich nicht sehen und hören will, die aber für den Fortgang des Theaterstückes unentbehrlich sind (wie z. B. Umbauten), in das Stück selbst einbaut und ihnen einen Sinn gibt. Versuchen Sie also „schlechte" Nachrichten gar nicht zu verbergen. Benutzen Sie sie, indem sie offen mit ihnen umgehen und sie „umdrehen", um Ihre Firmenphilosophie darzustellen.

Von Ruhe und Arbeit, von Tagesplan und Terminwahl

Gut vorbedacht – bald gemacht

Eine gute Organisation und Planung ist die halbe Miete. Das gilt auch für unsere tägliche Arbeit. Man kann sich die Zeit im Voraus einteilen und erspart sich dadurch Druck. Man kann eine sinnvolle Reihenfolge festlegen und erspart sich Mehrarbeit. Man kann Pausen planen und erspart sich dadurch Leistungstiefs. Im Grunde wissen wir alle um all dies und halten uns aber doch oft selber nicht daran. „Was man heute kann besorgen, das verschiebt sich leicht auf morgen", lautete die Devise eines meiner Klassenkameraden, wenn er mal wieder keine Lust hatte, für die erst eine Woche später stattfindende Klassenarbeit zu lernen. Er war Spezialist in Sachen Disziplin und Lustprinzip. Sein Problem war, dass diese sehr persönliche Version des alten Sprichworts jeden Tag für ihn neue Aktualität gewann. Unsere Wege trennten sich zwangsläufig sehr bald und ich bin mir nicht einmal sicher, ob er bis zum Abitur durchgekommen ist.

Auch ich bin kein Naturtalent in Sachen effektives Arbeiten, aber ich halte mich auch nicht dafür. Ich weiß, dass ich viele Dinge gewissenhaft planen muss, damit sie gelingen. Schon zu Schulzeiten fielen mir die Prüfungen, deren Vorbereitung ich in ausreichendem Maß geplant hatte, leicht.

Jeden Tag lernte ich eine Stunde lang für ein bestimmtes Fach. Keine Minute mehr, keine Minute weniger. Ich überstrapazierte mich nie, aber dank dieser Einteilung schaffte ich das Lernpensum doch relativ mühelos. Ich blieb dabei, auch wenn ich mal keine Lust hatte und die Verführung groß war, mit Freunden auf dem nahegelegenen Bolzplatz Fußball zu spielen. Diese Haltung half mir, meine Schulzeit „unfallfrei" zu überstehen.

Was sich bewährt hat, das soll man beibehalten und so meistere ich mit meinem System auch heute noch alle Anforderungen meines Jobs. Ich plane meine Tage im Voraus, setze Prioritäten, sortiere meine Papierberge nach Dringlichkeit und beginne, mich frühzeitig auf Termine vorzubereiten und die Unterschlagen zu beschaffen.

What to do?

Lassen Sie sich trotz Ihres vielleicht hektischen Tagesgeschäfts nicht davon abhalten, mit einem Auge auch immer ein wenig in die Zukunft zu schielen. Wenn man weiß, was auf einen zukommt, dann kann man sich auch darauf einstellen.

Ein Weiser sieht am Abend schon, wie's am Morgen wird

Schlüpfen wir doch einmal in die Haut unseres weisen Bauern. Er hat den Tag über hart gearbeitet: unter der gleißenden Sonne eine Wiese gemäht, den stickigen Stall gemistet und seine bestellten Felder inspiziert. Die Saat ist an manchen Stellen aufgegangen, an wieder anderen zeigen sich noch kahle Stellen. „Soll ich den Acker jetzt noch wässern?" fragt er sich und hebt den Blick betrachtend zum Himmel. Der ist so rosafarben wie in einem Bilderbuch. Der Bauer ist sich sicher, dass auch der nächste Tag wieder sonnig und warm wird. Er wird wohl den Acker besser bewässern.

Auch uns hinter unseren Schreibtischen geht es nicht anders als dem Bauern. Wir kennen das Feld, das wir bestellen, gut und wissen die wirtschaftliche Großwetterlage abzuwägen. Unsere Erfahrung hilft uns einzuschätzen wo der Betrieb gut läuft, wo noch Arbeit und Gespräche nötig sind. Auch für uns ist es eine gute Möglichkeit, am Abend, bevor wir unser Büro verlassen, den Tag noch einmal Revue passieren zu lassen. Uns kurz zu überlegen, ob der Tag erfolgreich war, (wenn er es nicht war, zu überlegen, warum?), ob wir geschafft haben, was wir uns vorgenommen hatten. Wir können auch ein Auge auf den kommenden Tag werfen. Die Termine, die anstehen; die Probleme, mit denen wir konfrontiert werden; die Aufgaben, die erledigt werden müssen. Bereits am Abend können wir vielleicht schon erahnen, welche Fragen auf uns zukommen werden und wir haben nun die Muße, uns darauf vorzubereiten. Dieses Ritual kann zu einem wichtigen Element für unser Selbstmanagement werden. Wir können uns auf diese Art und Weise einen inneren Selbstcontroller schaffen, der unseren Kräftehaushalt strukturiert. Oft findet sich erst am Ende eines Arbeitstages, wenn die meisten Mitarbeiter aus dem Haus sind, die Ruhe, den inneren Schreibtisch aufzuräumen, um ihn am nächsten Tag in Ordnung vorzufinden. Machen Sie es wie die Bauern: Gehen Sie in sich. Das ist manchmal mühsam und manchmal haben wir auch keine Lust. Oft müssen wir uns dazu disziplinieren, denn Freizeit nach Feierabend ist kostbare Zeit. Die Familie oder der Golfpartner warten und wir können es vielleicht kaum abwarten, an die frische Luft zu kommen. Wenn Sie es jedoch schaffen, diese Art von Tagesrückblick und -vorausschau in Ihren Feierabend einzubauen, werden Sie auf Dauer Ihre Abende mehr genießen können (weil Sie einen Punkt gesetzt haben) und Sie werden sich unliebsame Überraschungen am nächsten Morgen ersparen.

What to do?

Schaffen Sie sich ein Feierabend-Ritual. Nehmen Sie sich jeden Abend zehn Minuten Zeit, um den Tag noch einmal zu überblicken. Sie werden sehen, das ist gut investierte Zeit, die Sie an anderer Stelle einsparen können.

Ein Schaf auf dem Berge hält die Ochsen im Tal für Zwerge

Er hatte einen glänzenden Abschluss einer renommierten Wirtschaftshochschule vorzuweisen und so war es kein Wunder, dass er nach seinem Examen sofort ein Unternehmen nach seinem Geschmack fand. Dort stieg er auch schnell auf, geradezu rasant. Eine Handvoll Großaufträge, die er akquiriert hatte, verwandelten die mühsame – weil steile – Aufstiegsleiter geradezu in eine Rolltreppe. Er glitt nach oben, ohne dass er sich mit Erfahrung die Hände hätte schmutzig machen müssen. Der Neid und die Bewunderung fuhren mit. Mit zweiunddreißig war er an der Spitze einer Weltfirma. Er hatte Finanz- und Personalverantwortung, er machte alles richtig und alles lief wie im Lehrbuch. Das war dann auch der Grund, warum alles schief ging. Erfolgsverwöhnt hatte er immer neue Geschäftsfelder dazugekauft und das Unternehmen solange umstrukturiert, bis es zum Crash kam. Die große Krise, die sich am Horizont schon abzeichnete und sich im Vorfeld bereits ankündigte, hatte er für eine leichte Verstimmung des Marktes gehalten. Etwas, was nicht ernst zu nehmen war und deshalb nicht bedrohlich sein würde. Er hatte die Schatten, die auf das Unternehmen gefallen waren, fehlinterpretiert und denen nicht geglaubt, die ihn gewarnt hatten. Laut Lehrbuch war dies alles gar nicht möglich. Sein Erfolg hatte ihn geblendet und jeden guten Rat in den Wind schlagen lassen. Nach dem Höhenflug folgte der Absturz.

Pures Wissen allein nützt nichts, wenn wir es nicht auch mit Erfahrung unterfüttern können. Lehrbücher können das wirkliche Leben nicht ersetzen.

„Erfolg macht einsam", heißt es im Volksmund. Das muss nicht sein. Vielmehr macht Hochmut einsam, wenn der Erfolg dazu führt, dass wir Probleme, die sich uns in den Weg stellen könnten, nicht mehr ernst nehmen, wenn wir warnende Stimmen nicht mehr hören wollen, weil sie unseren vermeintlichen Erfolg mit ihren skeptischen Untertönen bremsen. Wer erfolgreich ist, darf auch stolz sein auf seine Leistungen, aber er sollte es geflissentlich vermeiden, über den Dingen zu stolzieren, denn: „Hochmut kommt vor dem Fall!"

What to do?

Lassen Sie sich vom Erfolg nicht dazu verführen, auf den „Olymp" zu steigen und dort zu bleiben, wo Sie niemand mehr erreicht. Stellen Sie Ihre Sicht der Dinge hin und wieder in Frage und halten Sie den Kontakt zur Basis.

Einen Baum, der zu sehr ins Laub treibt, muss man beschneiden

Ich hatte einmal eine Referentin, die sich neben ihrem Alltagsgeschäft auch ein wenig um unsere öffentliche Wirkung kümmern wollte. Ich bremse gute Vorschläge nie ab, zähle mich eher zu der „Mach-mal-Fraktion". Eine gute betriebsinterne Öffentlichkeitsarbeit hat in schwierigen Zeiten wie unseren heutigen, wo uns immer wieder neue Sparmaßnahmen dazu zwingen, Personal abzubauen, noch keiner Personalabteilung geschadet. Es war in Zusammenarbeit mit unserer Abteilung für Öffentlichkeitsarbeit ein Interview in einer Tageszeitung angedacht, ein innerbetriebliches Sportfest sollte organisiert werden und sie wollte für die Intranetseite eine feste Rubrik mit Artikeln bestücken. Sie war Feuer und Flamme für diese neue Aufgabe. Ich sah sie Material sammeln und an Artikeln schreiben, hörte, wie sie Telefonate mit Redaktionen und Druckereien führte und an einem Plakat für das Sportfest tüftelte. Schön und gut.

Eines Morgens stand sie bei mir auf der Matte und wollte einen Gesprächstermin. Sie präsentierte mir die Ergebnisse ihrer Arbeit der vergangenen Woche. Von ihrer eigentlichen Aufgabe war von ihrer Seite überhaupt keine Rede. Im Gegenteil: Von anderer Seite hatte ich in der Zwischenzeit erfahren, dass ihr anvertraute Vorgänge sich in letzter Zeit merkwürdig verschleppt hatten.

„Was ist eigentlich Ihr Job?", fragte ich sie. Mit großen Augen schaute sie mich an. Wir kamen schnell drauf, dass sie sich in diese neue Nebenaufgabe verliebt hatte und drauf und dran war, ihre Hauptaufgabe als Referentin zu vernachlässigen. Das kann für eine Abteilung teuer werden, wenn für die eigentlichen Aufgaben keine Zeit mehr bleibt und sie liegen bleiben. Wir stecken den „Betriebswert“ in Projekte, für die wir nicht bezahlt werden und treiben immer mehr „Blüten und Blätter“.

Ein kollegiales Gespräch gab meiner Referentin den Blick dafür zurück und brachte sie wieder auf ihre Spur. Sie bedankte sich und teilte sich ihre Aufgaben in der Folge besser ein. Von da an war sie wieder präsenter in ihrem angestammten Arbeitsbereich.

Am Ende hatten wir beides: ein Mentoringprogramm, mit dessen Entwicklung ich sie beauftragt hatte und ein schönes Sportfest, das vielen sicher noch lange in Erinnerung bleiben wird.

Manchmal laufen Dinge aus dem Ruder. Gut, wenn dann jemand etwas sagt...

What to do?

Nicht nur unsere Mitarbeiter, auch wir selbst verlieben uns manchmal in Teilaspekte und vernachlässigen darüber wichtige Aufgaben. Überprüfen Sie kritisch, ob und wann Sie „Blüten und Blätter“ treiben. Ein häufig wiederholtes Lieblingsthema kann ein Hinweis auf eine Vermeidungsstrategie sein.

Jst schwierig der Fall, beschlaf ihn einmal

Am Nachmittag war plötzlich Hektik in die Personalabteilung eingebrochen. Die Telefone liefen heiß und aus dem Faxgerät quoll ein nicht enden wollender Wust von Anordnungen aus der Vorstandsetage, die jetzt zu befolgen waren. Die Abteilungsleiter gaben sich beim Personalchef gegenseitig die Klinke in die Hand. Was war passiert? Ein Großkunde hatte einen bereits „unter Dach und Fach" gewähnten Auftrag zurückgezogen, dessen Ertrag man auch schon fest verplant hatte. Die Zukunft des Unternehmens stand auf dem Spiel. Diverse Abteilungen sollten „abgespeckt" werden, um den Druck aus der Situation zu nehmen und der Stichtag „Sechs Wochen zum Quartalsende" stand nah bevor. Den Führungskräften lief der Schweiß. Darauf hatte man sie weder auf der Hochschule noch in den Weiterbildungsseminaren vorbereitet. Frührente im Schnellverfahren? Kündigungsziehung aus der Lostrommel? Wie sollten sie vorgehen? Was war jetzt zu tun?

Immer wieder erleben wir Entscheidungssituationen in Unternehmen, die große Anforderungen an uns stellen. Der Druck ist groß. Wir leben in einer schnelllebigen Zeit. In einer Zeit von Wirtschaftsdaten, Börsenkursen, Quartalszahlen und Konjunkturprognosen. Die Massenmedien geben uns die Möglichkeit, uns immer und überall über den aktuellen Stand der Dinge zu informieren und hautnah dabei zu sein. Wir können uns via Satellit live mit Menschen verständigen, deren Schreibtisch Tausende von Kilometern entfernt von unserem stehen. Diese Informationsgeschwindigkeit gibt uns einen Takt vor, der uns dazu verleitet, unser Denk- und Arbeitstempo immer mehr zu beschleunigen und unser Entscheidungsmetronom immer schneller schlagen zu lassen. Das führt zwangsläufig zu Fehlentscheidungen. Wir „schießen" oft zu schnell, entlassen übereilt Mitarbeiter, um andere wenig später wieder einzustellen, nehmen schnelle Kredite auf, um sie jahrelang „abzustottern", mieten Räume, die vielleicht jahrelang leer stehen und deren Miete merkbar zu Buche schlägt und so weiter. Viel sinnvoller wäre es manchmal, einen Moment inne zu halten und abzuschalten. Oder im wahrsten Sinne des Wortes eine Entscheidung eine Nacht lang zu überschlafen. Der Schlaf schenkt uns Kraft, und dem wachen Blick am Morgen können wir vertrauen. Gekräftigt durch den Schlaf sind wir bereit für Lösungen und neue Wege.

What to do?

Schaffen Sie sich auch in hektischen Zeiten Ruhezeiten. Ruhezeit ist keine verlorene Zeit! Das werden Sie feststellen, wenn Sie danach wieder zupacken.

Es ist nicht ein Tag wie der andere

Der tägliche Weg von zu Hause in mein Büro beträgt 35 Minuten. Ich fahre ihn nun schon seit vielen Jahren. Wenn ich auf diese zahlreichen Fahrten zurückblicke, dann muss ich rückwirkend konstatieren, es war tatsächlich kein Tag wie der andere. Wie oft fuhr ich unter Druck oder mit dem Gefühl von Schwere, weil ich komplizierte Situationen zu bewältigen hatte! Wie oft fühlte ich mich wie ein Held, weil es mir am Vortag gelungen war, ein schwieriges Problem aus der Welt zu schaffen! An manchen Tagen hatte ich gar keine Lust und sehnte mich nach Urlaub. Dann gab es Tage, an denen ich erkältet war und im Wagen vor mich hinnieste. Ich führte manchmal imaginäre Gespräche mit Kollegen und Mitarbeitern, mit denen ein Termin anstand oder ich regte mich über zurückliegende Gespräche noch einmal gründlich auf.

Im Rückblick denke ich: Jeder Tag hatte seine eigene Farbe und Qualität. Selten hatte ich die Gelassenheit, mir dies an den einzelnen Tagen selbst ins Bewusstsein zu rufen. Ich habe eher jeden Tag so gut oder so schlecht wie jeden anderen erlebt. Und so kann es gut sein, dass ich zuweilen am falschen Tag die falschen Gespräche geführt habe, ohne zu bedenken, dass vielleicht meine Verfassung am nächsten Tag geeigneter gewesen wäre und mir mein Gefühl gesagt hatte „Lass es heute sein!" Der Satz „Kein Tag ist wie der andere", sollte uns die Gelassenheit geben, die Zeitpunkte für Gespräche, Termine, Abschlüsse einmal unter Berücksichtigung dieses Gesichtspunktes zu betrachten. (Immer im Rahmen dessen, was möglich ist.) Wozu wir heute nicht in der Lage sind, das kann morgen wunderbar funktionieren. Jeder Tag hat seine ihm eigene, besondere

Chance. Aber wir müssen sie erkennen. Manchmal bedeutet das, Geduld zu haben oder eine Spannung auszuhalten. Vor allem bedeutet es aber, sich selber und seine Befindlichkeiten zu registrieren und ernst zu nehmen, wenn wir vielleicht an einem Tag nicht so auf der Höhe sind.
Die Zeit arbeitet nicht nur gegen uns, sondern oft auch für uns. Wenn wir bereit sind ihre Zeichen zu erkennen, dann arbeiten wir gemeinsam und können in kritischen Situationen sagen: „Morgen ist auch noch ein Tag."

What to do?

Nicht ziehen und zerren „auf Teufel komm raus"! Nutzen Sie die Gunst der Stunde und nehmen Sie die eigene Befindlichkeit und die der Mitarbeiter wahr.

Jag du die Arbeit, sonst jagt sie dich

Ich erinnere mich noch gut an meine Anfänge: die große Aufregung, die vielen Aufträge, die langen Gespräche mit meinen Chef. Noch besser erinnere ich mich an meinen Schreibtisch von damals, der oft aussah, als hätte gerade eine Bombe eingeschlagen. Ich war damals schon Pfeifenraucher und so tummelten sich zwischen Tabakbeutel und Pfeifenreinigern diverse Kladden, Klarsichthüllen, Aktenordner, Stifte, Folien und entschieden zu viele Notizzettel, die mich allesamt an wichtige Termine und Aufgaben erinnern sollten. Alle lagen da gleichberechtigt auf meinem Tisch und je nach Anfrage gewannen sie an Wichtigkeit. „Ist die Statistik eigentlich schon erstellt?" Und schon war ein Ordner der herausstechendste! „Können wir uns heute Nachmittag für die Planung zusammensetzen?" Und schon waren meine Augen auf ein Häufchen von Unterlagen gerichtet. „Können Sie mich mal bei der Erstellung der Arbeitszeit-Analyse unterstützen?" Und schon sprang ich auf und rannte zur Tür raus! So ging es oft Schlag auf Schlag. Ich fühlte mich dabei gebeutelt und hatte irgendwann für gar nichts mehr einen Kopf.

Klare Sache, ich wollte meine Arbeit gut machen. Oder besser: Ich wollte jede Arbeit gut machen und zwar alle Arbeiten zur gleichen Zeit. Irgendwann war der Druck so groß, dass ich nachts aufwachte mit den Gedanken an unerledigte Aufträge und dem Gefühl, nie fertig zu werden. Mehr und mehr war ich zu einem Gejagten geworden. Meiner Termine, meiner Aufträge, meiner Projekte. Und mehr und mehr verlor ich darüber den Überblick. Bis ich eines Tages – nach einer Woche Krankenbett – genug davon hatte und einsah, dass sich etwas ändern musste. Ich lernte die Worte „Nein“ und „Es tut mir leid, jetzt nicht“. Der Satz „Ich stecke gerade mitten in einer Sache, wenn ich fertig bin, dann können wir über das andere sprechen“, hat mittlerweile Aufnahme in meinen Alltagswortschatz gefunden, Terminkalender und Ablage sind nach Prioritäten geordnet. Und was glauben Sie, liegt ganz oben auf? Meine Pfeife. Denn ohne Pause keine Kraft und ohne Kraft kein langer Atem.

What to do?

Nein zu sagen bedeutet nicht unbedingt die Arbeit zu verweigern. Im Gegenteil, es kann auch bedeuten: Ich möchte die Arbeit, an der ich gerade sitze, gut machen. Machen Sie für sich eine Prioritätenliste. Denken Sie Ihre einzelnen Arbeitsvorgänge hintereinander statt nebeneinander und schaffen Sie sich auf diese Weise ein System.

Eine stumpfe Axt fällt keine Eiche

In Führung und Management brauchen wir die richtigen Werkzeuge. Oftmals ist unser Geräteschuppen aber unzureichend bestückt. Oft stehen da noch alte Hacken und angerostete Schaufeln. Die meisten Manager besuchen viel zu selten selbst Trainings und empfehlen sie nur. „Train the Trainer", dieser Slogan wird viel zu oft nicht ernst genommen. Und so kommt es dann, dass diejenigen, die es eigentlich besser wissen sollten, ihre selbst durchgeführten Vorträge und Trainings mit Methoden durchführen, die manchmal nicht mehr zeitgemäß sind. Stundenlange Frontalveranstaltungen finden statt, Folien rutschen eine nach der anderen über den Overheadprojektor, einer spricht, die anderen hören und staunen. Im besten Fall. Im schlechteren Fall wird eine solche Veranstaltung vom Auditorium einfach abgesessen und am Ende brav applaudiert. Das kann nicht Sinn der Sache sein. Wir wollen ja schließlich, dass unsere Inhalte und Anliegen bei den Zuhörern auch ankommen. Sie sind unsere Kunden und unser größtes Interesse müsste es sein, Vorträge und Seminare lebendig und sinnlich zu gestalten. Man weiß mittlerweile, dass beispielsweise eine aktive Teilnahme von Lernenden viel bessere Resultate erzielt als die passive Rezeption von mehr oder weniger trockenen Inhalten. Ein theoretisches Thema bedeutet noch lange nicht, dass auch das Seminar trocken sein muss. Der Zuhörer möchte in seiner Ganzheit angesprochen werden. Und diese besteht nicht nur aus Augen und Ohren, auch Gefühle und Erinnerung spielen eine Rolle, innere Bilder wollen entwickelt werden.

Der vortragende Manager ist immer so gut wie seine Methoden. Es reicht nicht mehr allein aus, inhaltlich kompetent zu sein, auch die kommunikativen Fähigkeiten müssen vorhanden sein. Deshalb ist es wichtig, dass wir ab und zu unseren Geräteschuppen inspizieren und unsere Methoden auf ihre Tauglichkeit hin überprüfen. Selbst an Referaten, die wir schon seit Jahren halten, müssen wir immer wieder feilen. Sind sie noch stimmig? Sind die Beispiele noch aktuell? Entsprechen die Grafiken noch dem Zeitgeschmack? Aber wir kommen nicht dazu, haben keine Zeit, weil unser Schreibtisch ständig belagert ist, wir eventuell viel auf Reisen sind oder sonst immer irgendetwas anliegt. Gründe dafür gibt es viele. Am Ende ist es eine Frage der Prioritäten, die wir setzen.

What to do?

Geeignetes Kommunikationswerkzeug gehört für mich zu dem wichtigsten Instrumentarium im heutigen Managementzeitalter. Der beste Inhalt taugt nichts, wenn er nicht „rüberkommt“.

Es jedem recht machen zu wollen, ist der sichere Weg es keinem recht zu machen

Vor einigen Jahren hatte ich einen „runden" Geburtstag. Ich dachte mir, dass dies ein willkommener Anlass sein könnte, wieder einmal mit der ganzen Abteilung beisammen zu sitzen. Ich schätze diese Form des informellen Kontaktes sehr und finde es sehr wichtig für das Betriebsklima einer Abteilung, dass die Mitarbeiter sich auch ein Minimum als Privatmenschen kennen. Damit kann man ein Stück weit eine Basis für eine gute Zusammenarbeit schaffen. Ich machte den Vorschlag und alle waren natürlich begeistert. Ich dachte, dass die Art, wic das Fest gefeiert werden sollte, vom ganzen Team bestimmt werden könnte, denn alle sollten ihren Spaß haben. „Ist das dein Ernst?", schaute mich meine Frau fragend an, als ich ihr davon erzählte.

Im Lauf der darauffolgenden Tage trafen die diversen Vorschläge auf meinem Schreibtisch ein. Ein paar Kollegen schlugen ein spanisches Restaurant mit Flamenco-Musik vor, denn schließlich feiert man ja nicht alle Tage eine „Null". Die Sekretärinnen hatten an einen Biergarten gedacht, weil es schön war, zu dieser Jahreszeit an der frischen Luft zu sitzen. Die Sachbearbeiter wollten wandern, eine Praktikantin dachte an ein Café und die Studentin, die bei mir gerade ihre Diplomarbeit schrieb, schlug einen Brunch in der Firma vor, das hätte auch den Vorteil, dass man sich in den Arbeitsräumen selbst wieder näher käme. Ich war ratlos. Sollte ich vielleicht ein Büffet vom feinen Italiener kommen lassen, damit wir anschließend noch wandern gehen konnten? Und überhaupt schienen ja manche Damen eher Kaffee und Kuchen zugeneigt zu sein. Ich wälzte die Vorschläge hin und her, wir diskutierten während der Pausen und mir war die Lust am Fest eigentlich schon vergangen. „Was willst eigentlich du?“, fragte mich eines Abends meine Frau und fand mich ziemlich verblüfft und unfähig, eine Antwort darauf zu geben. Das Bedürfnis, alle harmonisch unter einen Hut bringen zu wollen, war so stark gewesen, dass mir meine Wünsche glatt entgangen waren.

Und wie ging die Geschichte aus? Ich ging in mich und forschte, wo meine eigenen Wünsche für das Fest lagen. So gingen wir allesamt kegeln in einem alten Landgasthof. Das hatte ich schon seit Jahren nicht mehr getan. Und auf die Kegelbahn ließen wir uns ein schönes kaltes Büffet hinbauen und Kaffee und Kuchen gab es auch. Es war ja schließlich eine Geburtstagsfeier.

What to do?

Versuchen Sie erst gar nicht, alle Menschen gleichermaßen zufrieden zu stellen. Finden Sie zuerst eine eigene Position, die Sie dann immer noch mit der Positionen von anderen abgleichen können.

Glück erwirbt Freunde, Unglück bewährt sie

Wir geben unsere Persönlichkeit nicht wie einen Mantel beim Pförtner ab, wenn wir morgens zur Arbeit kommen. Auch als Personalleiter, Vorstand, Controller oder Marketingexperte haben wir eine Seele. Wir haben Sehnsucht nach Menschen, die uns auch im beruflichen Kontext verlässlich zur Seite stehen. Wir brauchen Freunde und Gesinnungsgenossen, die uns in der faktenorientierten Unternehmenswelt begleiten, Kollegen, die uns auf unsere Fehler hinweisen, die mit uns ein schwieriges Projekt gegen Widerstände durchsetzen, weil sie an seinen Erfolg glauben. Menschen, die über unsere Verzweiflung nicht hinwegsehen, nur weil sie eigentlich schon Feierabend haben, während wir mit gebeugtem Kopf noch über Unterlagen hängen.

Ein Bekannter von mir, Manager, hatte viele Freunde, als er sich mit seiner Abteilung im Aufwind befand. Seine Meinung war von allen Seiten gefragt.

Als jedoch sein Geschäftsfeld in eine Flautezone eintrat, hatte dies schlagartig Auswirkungen auf seinen Freundeskreis. Seine beruflichen Schwierigkeiten waren wohlgemerkt weder personen- noch funktionsbedingt, ihre Ursachen lagen schlicht und ergreifend an der schwachen Konjunkturlage und deren Auswirkungen auf seine Arbeit. Plötzlich wurde er nicht mehr eingeladen, im Theaterfoyer wurde er in den Pausen geschnitten und Kollegen, mit denen er sich befreundet wähnte, hielten bei geschäftlichen Anlässen eine merkwürdige Distanz zu ihm. Der Führungsstammtisch, den er regelmäßig besucht hatte, verlegte seine Treffen auf einen Tag, an dem er bekanntermaßen nicht konnte. „Es ist

schwer, alle unter einen Hut zu bringen", war die Antwort auf seine Einwände.
Dies alles ist schmerzhaft – in Krisenzeiten umso mehr. Dem Abteilungsleiter machte jedoch dieser Vorfall klar, dass er sich jahrelang an den falschen Stammtisch gesetzt hatte. Und ich bewunderte seine aufrechte Haltung, als ich ihn sagen hörte: „Wie gut, dass ich jetzt weiß, woran ich bin!" Er fühlte sich nicht als Opfer, sondern sah in diesem Ausdünnen seines Freundeskreises vielmehr eine Chance, die Kollegen zu erkennen, die ihn nicht nur auf Grund seiner Position, sondern auch auf Grund seiner menschlichen Qualitäten schätzten und auf die er zählen konnte. Er behielt wenige, aber gute Freunde innerhalb des Unternehmens, die sich auch seiner Unterstützung sicher sein konnten.

What to do?

Es ist schmerzlich, sich von Freunden verraten zu fühlen. Es ist aber auch ein großes Geschenk dadurch zu einer neuen Werteskala zu kommen, die uns unsere „wahren" Freundschaften neu bewerten lässt.

Die Kutte macht noch keinen Mönch

Und Scheinheilige gibt es auf dieser Welt gar viele. Ich persönlich war auf jeden Fall in meinen Anfangsjahren durch einen frommen Blick meiner Vorgesetzten schnell und mächtig zu beeindrucken.

Sie kennen sie sicher auch: Diese hochgezogenen Augenbrauen, die beim Lesen eines Konzeptes bedeutungsschwanger rauf und runter gehen. Die sonoren Stimmlagen, mit denen ihnen salbungsvoll mitgeteilt wird, dass dies nicht geht und das nicht geht und im Moment der Etat ausgeschöpft ist und überhaupt andere Prioritäten gesetzt werden müssen. Und Sie sitzen da, völlig gebannt, und lauschen den Worten und glauben. Glauben, dass da einer die Sachlage besser einschätzen kann, den Markt besser kennt und überhaupt den besseren Überblick hat. Sie schleichen zurück in ihr Büro und gehen in sich, aber eine innere Stimme sagt Ihnen, dass da was nicht stimmt. Trotz hochgezogener Augenbrauen und auf die Nasenspitze gerutschter Lesebrille. (Und irgendwann wird vielleicht Ihr ungutes Gefühl bestätigt, wenn Ihre Vorschläge unter anderem Namen wieder auftauchen und realisiert werden.) Wenn Sie ein solches Gefühl in sich entwickeln, dann ist es an der Zeit, nochmals nachzuhaken.

Menschen, die Bestandteil eines Unternehmenssystems sind, verfolgen strategische – sogenannte politische – Ziele und oft auch einfach ihre ureigensten persönlichen Interessen. Das hat nichts mit dem Gewerbe zu tun, sondern liegt vielleicht einfach in der Natur des Menschen. Ein Rationalisierungsvorschlag wird vielleicht abgelehnt, weil dadurch für einen alten Mitstreiter des Chefs Nachteile entstehen würden. Oder ein

Verbesserungsvorschlag wird nicht wahrgenommen, weil der Vorgesetzte sich bereits auf eine andere Stelle aussichtsreich beworben hat und die Mühe des Organisationsaufwandes scheut. Motive gibt es viele, die eigentlich gute Vorschläge ganz sachlich im Sand verlaufen lassen können. Fragen Sie noch einmal nach oder versuchen Sie andere Wege zu gehen, wenn Ihnen Argumente fragwürdig erscheinen und versuchen Sie, sich nicht durch „Chefambiente" beeindrucken zu lassen.

What to do?

Nicht exklusive Büroeinrichtungen, teure Designer-Anzüge und goldene Lesebrillen zählen, sondern allein Argumente, Zahlen und Fakten. Manchmal muss man in die zweite Runde gehen, nachdem man ein Gespräch hat „sacken" lassen. Ein wenig Abstand verschafft manchmal einen klareren Blick.

Mancher Mann gibt guten Rat, der für sich selber keinen hat

Kennen Sie das? Sie hetzen mal wieder von einer Sitzung zur nächsten, es werden Beschlüsse gefasst und wieder verworfen. Sie ersticken in Aktennotizen, Protokollen und Maßnahmenkatalogen, weil sich in der Führungsspitze und deren Vorgaben ständig etwas ändert. Ihre Sekretärin macht bereits Überstunden und Sie sind froh, dass gerade ein Wirtschaftsstudent in Ihrer Abteilung sein Praktikum absolviert und ihr zur Hand gehen kann. Kurzum: Alles geht drunter und drüber, Sie geben Ihr Bestes, aber das ist nicht genug. Und dann raunzt Ihnen ein Kollege auf dem Gang auch noch zu: „Du musst strategischer vorgehen!" Als ob Sie ihn darum gebeten hätten! Ausgerechnet er, der mit seiner Abteilung bekanntermaßen seine eigenen Probleme hat, aber gerade jetzt einmal nicht in der Schusslinie steht. „Feg doch vor deiner eigenen Tür!", liegt Ihnen auf den Lippen, aber Sie sagen nichts.

Später im Büro, wenn Ihr Ärger verraucht ist, kommt Ihnen in den Sinn, dass seine eigentliche Botschaft vielleicht eine ganz andere war. Sie beginnen sich zu erinnern, wie Sie auch selbst schon in Situationen „gute" Ratschläge erteilt haben, in denen Sie auch „in der Patsche" steckten. Man fühlt sich gut, wenn man einen Rat erteilt. Man weiß es besser. Man darf für einen Moment lang vergessen, wie verloren man sich selbst mit seinen Problemen vielleicht fühlt. Das ist eine wunderbare Methode, sich von eigenen Unzulänglichkeiten abzulenken, nicht über eigene Schwierigkeiten nachzudenken und sich vielleicht selbst zu suggerieren, dass man doch „gut" ist. Psychologisch gesehen begeben wir uns damit in die Position dessen, der es besser weiß und versetzen unser Gegenü-

ber in die desjenigen, der es schlechter weiß. Das eigentliche Motiv dafür ist dann nicht die vorgebliche Hilfeleistung, sondern entspringt eher ganz eigennützigen Bedürfnissen: Ich bin ok, du bist nicht ok.
Ratschläge sind auch Schläge, lautet eine Redewendung aus der systemischen Beratungstheorie. Sie können Grenzverletzungen der besonderen Art sein und verfehlen garantiert ihre Wirkung, wenn sie von oben herab erteilt werden.

What to do?

Überprüfen Sie Ihre Haltung, bevor Sie einen „gutgemeinten“ Rat geben. Nützt er dem Gegenüber oder mehr Ihnen selbst? Erkundigen Sie sich, ob Unterstützung überhaupt erwünscht ist.

Vom Warten und Reiten, von Zielen und Siegen

Es gelingt, wonach man ringt

Ich bin kein sportlicher Typ und gebe zu, lieber gemütlich durch den Wald zu spazieren, als zu joggen. Auch sitze ich lieber in der Sauna, als dass ich im Fitnessstudio ins Schwitzen komme. Man sagt, ich sei ein Genussmensch, ich selber würde mich als Gemütsmensch bezeichnen. Obwohl „No Sports!“ auf meinem T-Shirt stehen könnte, habe ich jedoch eine Grundidee des Sports für mein Leben übernommen: Ausdauer und beständiges Training sind die Grundlage für gute Leistung. Sie sind der Weg, die eigenen Leistungen zu verbessern und zum Erfolg zu gelangen. Das gilt nicht nur für den Bereich des Sports, das gilt auch für den Rest des Lebens. Die kleinen Schritte, der Glaube an sich selbst und der unbedingte Wille geben einem die Kraft und die Motivation, auf dem Weg zu bleiben, den wir eingeschlagen haben. Es gibt da vielleicht ein Ziel, das noch weit entfernt ist, dessen einzelne Etappen wir manchmal noch gar nicht kennen, um das wir aber „ringen“, vielleicht gegen Widerstände oder gar gegen den „inneren Schweinehund“. Man sagt auch dazu: „Am Ball bleiben“. „Nicht aufgeben!“ Wer eine Sache nicht auf die Seite schiebt, bloß weil sie ihm unrealisierbar erscheint, lernt sie von allen Seiten kennen, wenn er „dran“ bleibt und neue Varianten entwickelt. Er wird seine Idee von allen Seiten beleuchten, unterschiedliche Wege der Umsetzung ausprobieren und seine Sache genau kennen lernen. Vielleicht erreicht er Teilerfolge, die ihm den Weg weisen. Manche Ideen, manche Projekte ähneln vergrabenen Schätzen, die nur mit Geduld zu heben sind. Der Weg wird Sie jedoch zum erfahrenen Schatzsucher machen. Sie werden am Ende wissen, dass auch das gelingen kann, was sich zunächst einmal vielleicht als wenig aussichtsreich dargestellt hatte, und dass das Schicksal in der Regel mit dem ist, der sich bemüht. Die Anliegen, die unsere gesamte Energie und unseren ganzen Willen freisetzen, werden auch gelingen. Das ist keine Magie, der Grund ist vielmehr, dass wir uns immer mehr vom Suchenden zu einem Findenden wandeln.

What to do?

Wenn Sie unzufrieden werden, weil sie das Gefühl haben, ein Projekt stagniert oder ist undurchführbar, dann finden Sie für sich heraus, wie viele Teilerfolge bis zu diesem Tag schon sichtbar geworden sind. Was haben Sie bis heute schon erreicht? Nutzen Sie die Bilanz, um weiterzugehen.

Mancher wähnt sich im Sattel und hat noch keinen Fuß im Bügel

Je lauter ein vermeintlicher Reiter von seinem hohen Ross herab seine gehobene Position feiert, desto genüsslicher werden die Umstehenden seinen Fall verfolgen. Meist gibt es nach einem solchen Sturz keine andere Möglichkeit als zu gehen, denn die Dynamik eines Systems, wie es ein Unternehmen ist, verkraftet es nicht, wenn sich jemand schon verbal in einen Sattel gesetzt hat, in den ihn später der faktische Aufstieg nicht gelingt. Solche Mitarbeiter werden in der Regel von ihrer Umgebung dann nicht mehr ernst genommen. Menschen vergessen nicht so schnell, was ihnen vorgegaukelt wurde und Schadenfreude und Häme liegen nahe bei aufrichtigem Bedauern. Beides ist nicht unbedingt hilfreich für ein gutes Arbeitsverhältnis. Es dauert eine ganze Weile, um ein solch lautstarkes Vorpreschen wieder auszugleichen. Es ist demnach auch ungünstig, wenn Führungskräfte durch eine Art Mundpropaganda von ihrer vermeintlich bevorstehenden Beförderung erfahren und sich die Vorstandsebene dann im letzten Moment doch für einen Alternativkandidaten entscheidet. Das Ansehen eines solchen Mitarbeiters ist dauerhaft geschädigt (ganz zu schweigen vom Selbstvertrauen), auch wenn er selbst sehr bemüht ist, seine alte Position auch mental wieder voll einzunehmen und er vielleicht selber gar nicht davon gesprochen hat. „Beförderungen", wie Kompetenzerweiterung, Erteilung einer Prokura oder ein Ebenenwechsel sind eine heikle Angelegenheit, mit der man sorgsam und mit einem Höchstmaß an Diskretion umgehen sollte.

Der andere Fall, dass ein Mitarbeiter auf sich und seine Qualitäten aufmerksam machen will, indem er von Stellen spricht, auf die er sich aussichtsreich beworben hat und davon, „wie froh ich bin, hier rauszukommen", schafft ihm selbst sicher kurzfristige Erleichterung in einer Frustsituation. Mittelfristig betrachtet, wird sie sein Standing bei seinen direkten Mitarbeitern eher verschlechtern, spätestens wenn sich herausstellt, dass er die besagte Stelle nicht bekommt.

What to do?

Freuen Sie sich über einen bevorstehenden Aufstieg, hüten Sie sich aber davor, darüber öffentlich zu sprechen, bevor die ganze Sache nicht offiziell ist.

Beharrlichkeit vermag alles

Inwieweit Helmut Kohl ein erfolgreicher Bundeskanzler war, dazu muss man sich an dieser Stelle nicht äußern. Sein Beharren auf seinen Ideen – seine Methode des „Aussitzens“ – war es allemal. Selten sah man ihn einmal erregt oder hektisch in Gremien auftreten. Die Anfeindungen der Opposition konnten noch so groß sein, die Presse konnte schreiben, was sie wollte, Kabarettisten konnten ihn als Vorlage für die Darstellung der Behäbigkeit der Politik benutzen – Helmut Kohl saß da und wartete, bis der Sturm sich wieder gelegt hatte. Und er legte sich immer irgendwann. Man kann sicher darüber diskutieren, wie sinnvoll es ist, eigene Ideen mit einer solchen Vehemenz durchzusetzen, ohne sich mit vielleicht auch kritischen Stimmen auseinander zu setzen. Doch wenn wir das Ganze einmal unter dem positiven Aspekt betrachten, müssen wir einräumen: „Ja, dran bleiben zahlt sich aus!“ Helmut Kohl hat viele seiner Ideen verwirklicht.

Im Arbeitsalltag kann man es häufig erleben, dass Konzepte und Vorschläge einmal abgelehnt wurden und einige Zeit später aber dann doch die Zeit kommt, sie zu realisieren. Die Zeiten ändern sich, wirtschaftliche Faktoren sind hinzugekommen oder verschwunden, eine neuer Trend schwappt gerade über Land und die belächelte Idee ist plötzlich ernst zu nehmen. Unser Leben ist voller Unwägbarkeiten. Manches können wir vorausahnen, vieles zeigt sich jedoch erst im Lauf der Zeit. Mit dieser Lebensphilosophie spielt derjenige, der beharrlich an seiner Sache arbeitet, ungeachtet der Unkenrufe, die er zu hören bekommt.

Nicht Sturheit, sondern Geduld ist vielleicht das Geheimnis von Beharrlichkeit, mit der wir unsere Ideen zum Erfolg führen. Das Gefühl für den richtigen Zeitpunkt und die Bereitschaft, sich auch mit Widerständen auseinander zu setzen statt sie zu umgehen. Beharrlichkeit heißt, an sich und seine Idee zu glauben. Beharrlich zu sein bedeutet aber nicht, naiv an einer Sache fest zu halten, ohne sie hin und wieder prüfend in Frage zu stellen.

What to do?

Geben Sie nicht gleich auf, wenn eine Idee nicht sofort auf fruchtbaren Boden fällt. Überprüfen Sie die Einwände, modifizieren Sie gegebenenfalls und gehen Sie Ihren Weg weiter.

Wer zwei Wege gehen will, muss zwei lange Beine haben

Und nebenbei habe ich mich vor zwei Monaten mit einer Consultingfirma selbstständig gemacht", erzählte mir der Dekan einer Fachhochschule für Betriebswirtschaft stolz. Beides liegt ja thematisch sehr nah beieinander und die beiden Bereiche können sich so gegenseitig befruchten. Es können Diplomarbeiten und Praktika vergeben werden und die Berater können den angehenden Führungskräften ihr Fachwissen vermitteln. Das ist doch alles wunderbar! Wenn da nicht ein kleiner Haken wäre, an dem der bunte Doppel-Luftballon platzen könnte: Verzettelung.

In der Realität ist es nicht so einfach, wie es klingt, zwei Bereiche gleichermaßen aufzuziehen oder zu betreuen. Selbst durchgearbeitete Nächte und „lange Samstage" werden es nicht verhindern können, dass eines der beiden Unterfangen leidet. Auch die ständige Autosuggestion, dass es sich schließlich in unserem Fall um den „guten Eu-Stress" und nicht um den „bösen Di-Stress" handelt, wird diesen hausgemachten Druck nicht in autogenes Training wandeln. Was bringt uns nur immer wieder dazu, zwei oder gar mehrere Aufgaben parallel anzugehen, die eigentlich beide für sich unsere ganze Anwesenheit und Energie erfordern würden? Welcher kleine Teufel reitet uns eigentlich, zu glauben, dass wir diesen Kraftakt nicht nur schaffen, sondern dass das Ergebnis auch noch erfolgsgekrönt sein wird?

Große Aufgaben und Vorhaben wie in unserem Fall erfordern unsere ganze Kraft und Aufmerksamkeit. Wir wollen verdoppeln: den Profit, unser Ansehen, die Anerkennung. Unseren Einsatz können wir nicht verdoppeln, er bleibt einfach und muss rein rechnerisch betrachtet in zwei Hälften aufgeteilt werden.

Auch die beiden Geschäftsbereiche des Dekans passten nur scheinbar zueinander. Man kann nicht zur Hälfte eine Fachhochschule leiten und zur anderen eine Unternehmensberatung. Beide Wege verlangen die volle Kraft. Und die ist nicht vorhanden, wenn der Hintern immer irgendwo anders sitzt als der Kopf. Da mag die Fähigkeit zu delegieren noch so ausgeprägt sein.

Unsere Beine sind noch nicht mal einen Meter lang. Wir sollten uns Wege suchen, auf denen wir in unserer normalen Gangart vorwärtskommen und nicht versuchen, im Spagat zu wandern.

Und der Fachhochschulleiter? Auch er entging der Entscheidung nicht.

What to do?

Wenn zwei umfangreiche Aufgabengebiete Sie gleichermaßen reizen, ist es eine Frage der Planung, wann Sie das eine und wann das andere angehen. Versuchen Sie einmal die Dinge hintereinander zu denken statt nebeneinander.

Man muss dem lieben Herrgott helfen, gutes Korn zu machen

Ein Jude geht zur Klagemauer und betet: „Bitte, Herr, lass' mich in der Lotterie gewinnen. Ich habe 6 Kinder, für die ich zu sorgen habe." Er geht nach Hause, aber es geschieht nichts. Eine Woche später kniet er wieder an der Mauer und betet: „Lieber Gott, hab' doch Erbarmen mit einem armen kleinen Angestellten und lass' mich diese Woche die Lotterie gewinnen!" Er geht nach Hause und es passiert nichts. Eine Woche später sieht man ihn wieder an der Mauer, wie er Zettelchen mit seinen Fürbitten in die Ritzen steckt. So geht das viele Monate und Jahre. Jede Woche, immer vor der Ziehung der Lotteriegewinne. Er geht nach Hause und nichts passiert. Eines Tages steht der fromme Jude, mittlerweile mit angegrautem Haar, wieder an der Klagemauer und jammert: „Lieber Gott, lass mich doch bitte gewinnen." Da reißt der Himmel auf und eine tiefe Stimme donnert von oben herab: „Lieber Mann, gib' mir bitte eine Chance und kauf dir doch endlich ein Los!"

So oder so ähnlich ist die Geschichte von dem frommen Juden. Ein Freund hat sie mir erzählt, als ich ihm jahrelang in den Ohren lag, dass ich schon lange ein Buch schreiben wollte. Jedes Mal, wenn wir uns trafen, kam garantiert die Rede auf meinen Traum. Irgendwann antwortete er mir in Form dieser kleinen Geschichte und fortan war ich „geheilt". Und wie Sie auf dem Buchtitel sehen können: Mein Wunsch ging in Erfüllung, wenn auch nicht ohne mein Zutun. Ich war über das Stadium des Händefaltens und Betens hinausgekommen und begann, konkrete Schritte zu unternehmen, Nägel mit Köpfen zu machen. Ich hatte begriffen, dass es zu nichts führt, etwas zu wollen und nichts dafür zu tun.

Wenn man etwas „Großes“ will, dann ist es immer ein guter Anfang, einen kleinen Schritt auf das Ziel zuzugehen und dann den nächsten kleinen Schritt zu tun. Auf jeden Fall muss man selber aktiv werden. Mit vielen kleinen Schritten lassen sich auch große Strecken überwinden. Wenn man einmal konkret eine Sache angefangen hat, dann finden sich auch auf dem Weg, den man beschreitet, oft Wegweiser, denen man folgen kann.

What to do?

Haben Sie scheinbar unerfüllbare Träume? Manches Hindernis, das die Verwirklichung eines Traumes in unserer Phantasie verhindert, ist aus der Nähe betrachtet gar keins oder man kann es umgehen. Um es aus der Nähe zu sehen, muss man aber loslaufen und sich ihm nähern.
Kaufen Sie sich ein Los, machen Sie sich ans Werk!

Es regnet nicht aus jeder Wolke

Vor einigen Jahren stolperte ich einmal über einen Kalenderspruch, den eine Sekretärin über dem Schreibtisch in ihrem Büro hängen hatte. Darauf war zu lesen: „Man muss mit allem rechnen, auch mit dem Schönen!" Diese Plakat zählt zu den wichtigsten Aha-Erlebnissen in meinem Leben. In jenem Moment fiel ein Groschen bei mir und ich begann zu begreifen, dass ich in meinem bisherigen Leben viel zu oft mit dem Schlimmsten gerechnet hatte. Klar, „Vorsicht ist die Mutter der Porzellankiste". Es gehört zu unserem Job, umsichtig zu sein, Risiken einzukalkulieren und Unwägbarkeiten abzuschätzen. An jenem denkwürdigen Morgen wurde mir klar, dass ich all dies getan hatte und damit erfolgreich gewesen war. Aber ich spürte in dem Moment, dass es bei mir zu einer Lebenshaltung geworden war. Ich hatte häufig für Katastrophen vorgesorgt, die nie eingetreten waren, die realistisch betrachtet nie hätten eintreten können. Ich hatte mich oft über Dinge aufgeregt, die hätten passieren können, aber nie passiert sind. Ich hatte manchmal Mitarbeiter in Panik versetzt wegen Ereignissen, die sich nicht einmal im entferntesten am Horizont abgezeichnet hatten usw. Kurzum: Ich hatte so getan, als ob all diese Dinge bereits real wären. Und viel schlimmer noch: Im Laufe der Zeit hatte sich eine Sicht der Dinge in mein Leben eingeschlichen, die mich nur noch sehen ließ, was alles schief gehen könnte und ich hatte völlig die Fähigkeit verloren, an den guten Ausgang eines Unterfangens zu glauben. Ein Tunnelblick, der mir jegliche Vision genommen hatte. Um Visionen zu haben, muss man aber tief im Inneren an ihre Realisation glauben können. Sie sind notwendig, um vorwärts gehen zu können. Ich dagegen war ein Angsthase geworden, der sich nur noch auf die Vermeidung des „Negativen“, aber nicht mehr auf den Aufbau des „Positiven“ fokussierte.

Dieser Kalenderspruch löste bei mir einen Prozess aus und ich fing an, mich zu beobachten, wie mein Umgang mit Dingen, die noch in der Zukunft lagen, war. Ich begann die Welt mit größerer Gelassenheit zu betrachten und stellte dabei fest, dass es das Leben nicht nur schlecht mit mir meinte, sondern auch gut.

What to do?

Vorsorge in Maßen ist notwendig und gut. Aber geben Sie auch dem Zufall eine Chance. Wir können nicht alles kontrollieren. Der ausschließliche Blick auf das Negative verstellt unseren Blick auf das Gute und Schöne, auf das, was durchaus auch gelingen kann. Nicht jedes Wölkchen, was am Himmel steht, lässt Blitz und Donner auf uns herab.

Wo das Glück einkehrt, da klopft auch der Neid an

Neid bedeutet laut Dudens Wörterbuch der Deutschen Sprache: Empfindung, Haltung, bei der man jemandes Besitz oder Erfolg diesem nicht gönnt und selbst haben möchte.
In Deutschland wird seit einigen Jahren viel vom sogenannten „Neidfaktor" gesprochen. In der Werbung wird dieses Mittel sogar schon eingesetzt, um die beworbenen Artikel als besonders attraktiv darzustellen. Ein Auto, das den Neid der Umgebung weckt, muss doch einfach toll sein! Es scheint erstrebenswert zu sein, beneidet zu werden.
Ich erinnere mich, dass meine Eltern in den sechziger Jahren einen kleinen weißen Fiat hatten. Irgendwann entschieden sie sich dafür, ein neues Auto zu kaufen. Damit es in der Nachbarschaft nicht auffiel, kauften sie sich wieder den gleichen Wagen in der gleichen Farbe. Sie hatten Angst davor, dass die Leute sie wegen des neuen Autos beneiden und deshalb schlecht über sie reden könnten. Das ist doch merkwürdig. In den USA werden Bill Gates und Donald Trump, die sich von ganz unten nach ganz oben gearbeitet haben, bewundert wie Hollywoodstars. Der Mythos vom Tellerwäscher, der es zum Millionär gebracht hat, ist dort immer noch lebendig. Das ist bei uns in Europa leider anders. Jedermann, der in irgendeiner Form hier Glück hatte oder erfolgreich war, wird das bestätigen können. Erfolgreich sein ist quasi gleichbedeutend mit Leben gegen den Widerstand seiner Umgebung. Als ob es tabu wäre, Erfolg zu haben. „Nun spiel dich doch nicht so auf!" oder „Du hast schon saumäßiges Glück gehabt!" Das sind die Kommentare, die man auf seine einfach vorgetragenen Erfolgsgeschichten zu hören bekommt. Die Neider kön-

nen die Leistung anderer nicht anerkennen. Sie sehen nur ihren eigenen Mangel und müssen den anderen demontieren, um neben ihm bestehen zu können.

Ich möchte Sie dazu ermuntern über solche K.o.-Sätze hinwegzuhören. Begeben Sie sich nicht auf eine Ebene mit Ihrem Gegenüber, der sich mit Ihnen messen will und vielleicht nicht an die hohe Messlatte reicht. Legen Sie Ihre Latte deswegen nicht tiefer. Erfolg ist keine Schande, für die man sich verstecken muss. Das Problem haben im Zweifelsfall die anderen.

What to do?

Seien Sie stolz auf Ihre Erfolge (ohne überheblich zu werden). Um erfolgreich sein zu können, ist es auch wichtig, ein Bewusstsein davon zu haben, was man kann.

Man kann nicht zugleich satteln und reiten

Oder: Man kann nicht mit einem Hintern auf verschiedenen Hochzeiten tanzen. Man kann nur auf einer Veranstaltung wirklich anwesend sein, nur eine Sache gut machen, wenn man auch wirklich anwesend ist. Für unsere Vorfahren, damals noch ohne Mobiltelefon und Internetanschluss, war dies die natürlichste Sache der Welt. Wer auf einem Feld pflügte, der säte nicht gleichzeitig auf einem anderen. Auch nicht gedanklich. Auch aus dem Zen-Bhuddismus ist uns diese Haltung bekannt. Sei anwesend bei dem, was du gerade machst und sei es nur beim Schuhe putzen.

Wir Menschen in der westlichen Welt, besonders die in verantwortlichen Positionen, sind sehr oft geneigt, auf verschiedenen Hochzeiten zu tanzen. Wir sitzen im Büro über Akten, das Telefon klingelt, der Computer zeigt an, dass soeben eine E-Mail eingetroffen ist, die Sekretärin kommt mit einer Unterschriftenmappe und die Briefpost liegt auch noch zur Erledigung in der Ablage. Manchmal klingelt dann auch noch das Handy ... Wenn man da nicht aufpasst, dann kommt man ganz schnell in Teufels Küche. Es ist wohl unausweichlich, dass in unseren Büros Vorgänge parallel laufen müssen und es passiert sicher selten, dass wir unsere Unterschrift unter das falsche Schreiben setzen. Darum geht es auch nicht. Vielmehr geht es darum, wie wir das Ganze mental bewältigen und es schaffen, die Dinge, die da gleichzeitig anstehen, hintereinander zu denken und dann zu tun. Das menschliche Gehirn ist so beschaffen, dass es am leistungsfähigsten ist, wenn es sich auf eine Sache konzentrieren darf. Konzentration bedeutet, eine Sache ins Zentrum der Aufmerksamkeit zu rücken. Ein Stein, den ich ins Wasser werfe, wirft seine Kreise nach außen. Konzentration macht genau das Gegenteil. Meistens fallen ja mehrere Steine gleichzeitig ins Wasser und wirbeln die Wasseroberfläche auf. Mit Konzentration und Sammlung können wir die Kreise zurückverfolgen und so die Stellen wiederfinden, wo die Steine ins Wasser gefallen sind. Ein Stein nach dem anderen.

What to do?

Machen Sie eine Sache nach der anderen. Satteln Sie erst bevor Sie reiten. Nehmen Sie sich die Zeit, um einen Vorgang vom anderen zu trennen. Atmen Sie einmal kurz durch. Sie werden merken, dass dies keine verlorene Zeit ist.

Auch nach einer schlechten Ernte muss man wieder säen

„Jetzt schmeiß' ich alles hin!" Wie oft wird dieser Gedanke in den Büros unserer Unternehmen gedacht! Wenn sich eine Sitzung mal wieder bis in die späten Abendstunden hinzog und am Ende mal wieder keine klaren Entscheidungen gefallen sind. Wenn wir monatelang mit einem Kunden über ein Bauprojekt verhandeln und eine andere Firma am Schluss den Zuschlag bekommt. Oder wenn wir bereits neue Räume für die Erweiterung unseres Arbeitsfeldes gefunden haben und im letzten Moment „zurückgepfiffen" werden. Was bleibt, sind Frustration und Verschleiß. Anstrengung ist schön, solange sie von Erfolg gekrönt wird. Ist dies jedoch nicht der Fall, erscheint uns alles sinnlos und unsere Anstrengungen waren vergebens. Im Extremfall fühlt man sich wie ein Verdurstender in der Wüste, der von weitem eine Oase entdeckt hat, darauf zuläuft und wenn er ganz nahe dran ist, stellt sie sich als Fata Morgana heraus. „Keinen Bock mehr!" sagen unsere Jugendlichen in solchen Fällen.

Im Arbeitsleben ist das nicht „angesagt". Hier heißt es, Strategien zu entwickeln, die es uns ermöglichen, weiterzumachen. Ursachenforschung und Fehlerbehebung lautet die Parole. Unsere Ernte war schlecht. Lag es am Wetter? Haben wir zu wenig gedüngt? War das Saatgut nicht in Ordnung? Oder hätten wir eine Vogelscheuche aufstellen sollen, die die Vögel davon abhält, auf unserem Acker zu speisen? Wenn wir verstanden haben, warum etwas nicht zu seinem guten Ende gekommen ist, dann wird es uns auch leichter fallen, wieder eine neue Sache anzugehen. Auch Erfahrungen, die nicht nach unserem Geschmack sind, sind gute Erfahrungen, weil wir unsere Schlüsse aus ihnen ziehen und sie uns lehren, was wir beim nächsten Mal anders machen können.

„Nach dem Spiel ist vor dem Spiel", war ein Leitsatz des erfolgreichen Fußballnationaltrainers Sepp Herberger. Egal, ob ein Spiel gewonnen wurde oder verloren worden war. Er gilt in seiner Übersetzung auch für Unternehmer: Blick nach vorne!

What to do?

Lassen Sie sich nicht von dem Gefühl der Enttäuschung nach Rückschlägen lähmen. Sammeln Sie Ihre Kräfte und arbeiten Sie mit den gemachten Erfahrungen weiter.

Vom Wachsen und Gedeihen, von Motivation und Gelingen

Das Fallen ist keine Schande, aber das Liegenbleiben

Wer Kinder hat, der kann das bestätigen: Sie haben in den ersten Lebensjahren unglaublich viele blaue Flecken. Als Mutter oder Vater ist man ständig damit beschäftigt, Wunden zu betupfen und sie mit Micky-Maus-Pflaster zu versorgen. Auch wir Erwachsenen fallen hin und wieder, wenn auch mehr im übertragenen Sinn. Wir machen Fehler, schießen über das Ziel hinaus, stolpern über Sachverhalte, weil wir sie in unserer Planung nicht berücksichtigt haben, oder wir fühlen uns einer Aufgabe nicht gewachsen, bleiben an ihr hängen und fallen auf die Nase. Und liegen da nun. Was tun? Im Grunde gibt es zwei Möglichkeiten. Die erste ist, wir erklären uns zu Versagern, die gescheitert sind und nichts „auf die Reihe kriegen". Wenn wir das lange genug tun, wird es dann irgendwann zum inneren Bild von uns selbst, das wir mit uns herumtragen werden. Wir sind gefallen und bleiben liegen. Wir trauen uns nichts mehr zu, tun nur noch das Notwendigste, weil wir sowieso alles falsch machen. Nach dem Motto: Wer nichts tut, der macht auch keine Fehler. Die zweite Variante ist die eigentlich natürliche. Kleine Kinder, die laufen lernen, fallen ständig hin. Aber sie stehen immer wieder auf. Nur so kommen sie irgendwann dahin, dass sie ohne fremde Hilfe laufen können. Von ihnen können wir lernen. Wir machen einen Fehler, ziehen unsere Erfahrungen daraus und machen weiter. Es ist der eigene Anspruch an uns selbst, der das oft verhindert. Wir wollen perfekt sein, fehlerlos. Das schafft kein Mensch. Menschen sind keine Maschinen, auch wenn diese Art des Umgangs mit uns selbst und auch anderen weit verbreitet ist. Das gilt sowohl für uns selbst, als auch dafür, wie wir mit den

Fehlern von anderen umgehen. Michael Schumacher steigt nach einem Unfall in Folge eines eigenen Fahrfehlers sofort wieder ins Cockpit seines Rennwagens und fährt weiter. Vielleicht ist das eines der Geheimnisse für seinen Erfolg.

What to do?

Seien Sie großzügig mit sich selbst. Fehler können immer Anlass dazu geben, über sein eigenes Tun und Lassen nachzudenken. Wenn wir verantwortungsvoll mit Fehlern umgehen, können sie uns Hilfe sein, uns weiterzuentwickeln.

Lobe die Faulen, so werden sie flink

In der Pädagogik hat man sich diese Weisheit schon lange zunutze gemacht. Dort heißt ein Grundsatz: Vereinbarung unvereinbarer Verhaltensweisen. In der Praxis kann das dann so aussehen, dass ein Junge, der aus der Klassenkasse gestohlen hat, fortan für diese zuständig ist. Die Überlegung ist die, dass er in Zukunft nicht weiter daraus klauen, sondern die Verantwortung dafür übernehmen wird.

In Unternehmen gibt es keine Klassenkasse, aber es gibt viele Situationen, in denen Mitarbeiter nicht richtig „funktionieren", ihre Aufträge nicht zur Zufriedenheit ihrer Vorgesetzten erledigen. Viele Führungskräfte reagieren verärgert und werden laut. Sie erteilen in solchen Fällen Rügen oder entziehen dem Mitarbeiter einfach die Aufgabe. Sprich: Sie bestrafen den Übeltäter. Meist hat dies nicht den gewünschten Effekt. Das Resultat ist Ärger auf beiden Seiten und oft eine schlechte Stimmung, die den Arbeitsalltag nicht erleichtert und letztlich unproduktiv ist. Oft fühlt man sich nach solchen Gesprächen zunächst einmal erleichtert – man hat seinem Ärger Luft gemacht –, später dann ausgebrannt und müde.

Feedback zu geben, und um nichts anderes geht es hier, ist eine Kunst für sich. Es ist ein wichtiges Instrument der Mitarbeiterführung, mit dem man, richtig eingesetzt, Motivation erzeugen kann. Falsch eingesetzt kann es genau das Gegenteil bewirken. Verbote und grimmige Blicke haben nicht selten zur Folge, dass der Mitarbeiter „dicht" macht und in der Konsequenz alles an sich vorbeilaufen lässt. Der Vorgesetzte wird den Stempel „dem kann man sowieso nie etwas recht machen" bekommen und der Mitarbeiter selbst wird sich den Stempel „ich tauge eh nichts“ aufdrücken. Fehler werden für ihn selbstverständlich, weil das ein Teil des Bildes ist, das er von sich hat. Seine Motivation, gut zu arbeiten, wird sinken. Aus diesem Grund ist es wichtig, sowohl positives, als auch negatives Feedback zu geben. Stellen Sie sich vor, Ihre Sekretärin, die einen wichtigen Brief vergessen hat, kommt in Ihr Büro und Sie sprechen zunächst einmal nur über Aspekte, die sie an ihrer Arbeit wertschätzen, um ihr dann auch zu sagen, dass sie mit dem vergessenen Brief einen Fehler gemacht hat. Sie wird sich mit Freude zukünftig an ihre Arbeit machen und sich jede Mühe geben, weitere Fehler zu vermeiden. Nobody is perfect. Wir haben alle unsere Fehler.

What to do?

Es nützt nichts, wenn Sie dem Faulen sagen, dass er faul ist. Verweisen Sie ihn auf seine Qualitäten. Ein Lob wirkt mehr als tausend rügende Worte.

Lust und Liebe zum Ding machen Müh und Arbeit gering

Vor einiger Zeit kam ich morgens etwas früher als gewöhnlich ins Büro. Ich hatte mir u. a. vorgenommen, endlich in aller Ruhe einen seit einiger Zeit liegen gebliebenen Vorgang zu bearbeiten. Ich freute mich schon darauf, dass das Ablagekörbchen, das sich im Lauf der letzten Wochen immer mehr gefüllt hatte, am Abend leer sein würde. Offenbar war nicht nur ich auf die Idee gekommen, die Ruhe des frühen Morgens zu nutzen. Ein junger Mitarbeiter, der erst seit ein paar Monaten in meiner Abteilung war, saß bereits hinter seinem Schreibtisch. Er hatte den Kopf aufgestützt und trotz der frühen Stunde zeigten sich die ersten hektischen Flecken an seinem Hals. „Was ist mit Ihnen?", fragte ich besorgt und setzte mich zu ihm an den Tisch. Er erzählte mir von einem Projekt, das ihm wie ein Mühlstein am Hals hing. Es fehlten ihm Informationen, die nur schwerfällig von den einzelnen Abteilungen eintrafen, Ansprechpartner hatten nie Zeit für ihn und vertrösteten ihn nur, Computermasken mussten neu erstellt werden und die entsprechenden EDV-Leute kamen nur schleppend voran. Obwohl es keinen direkten Zeitdruck gab, fühlte er einen klammernden Griff. „Was können Sie von dieser Aufgabe für Ihr Leben lernen?", fragte ich ihn. „Für mein Leben?", entgegnete er staunend. Offenbar war ihm diese Fragestellung in diesem Kontext neu, hatte er doch bislang Arbeit und Leben immer fein säuberlich getrennt. Ich erzählte ihm, dass ich an meinen freien Samstagen im Frühjahr das Holz für meinen Kamin selber im Wald säge. Das ist richtig harte Arbeit, könnte man sagen. Ich könnte das Holz auch leicht kaufen oder sägen lassen. Aber ich sehe das Ganze nicht als Arbeit, für mich ist es richtig schön, mich körperlich zu betätigen, und an der frischen Luft dem Gezwitscher der Vögel zuzuhören. Ich genieße es, am Abend hundemüde vor dem Kamin zu sitzen. Er schaute mich mit großen Augen an. „Die Aufgabe ist wie ein Puzzle“, sagte er nach einer kurzen Pause. „Ich lerne, zu kombinieren, was nicht gerade meine Stärke ist.“ Als ich ihn nach Teilerfolgen fragte, fielen ihm einige Ansatzpunkte ein. „Dann haben Sie ja schon einiges erreicht“, lobte ich ihn und forderte ihn auf, die nächsten Schritte wie Puzzlestückchen hin- und herzuschieben und sie so zu organisieren. Es war ein neues Bild, das er nun mit seiner Arbeit verband. Sich zu quälen ist mühsam, puzzeln macht jedoch Spaß. Mit dieser neuen Energie kam er an diesem Tag eine gute Strecke weiter und die hektischen Flecken verschwanden. Die hatte am Abend dagegen ich. Sie ahnen es schon, das Ablagekörbchen war vollgeblieben. Ich war aber dennoch frohen Mutes.

What to do?

Was können Sie bei einer Aufgabe lernen? Was macht Ihnen bei einer vielleicht problematischen Aufgabe Spaß? Erst der eigene Antrieb gibt einer Sache Schwung.

Wenn die Maus voll ist, ist das Mehl bitter

Hat man Ihnen schon einmal Ihre Lieblingsspeise vorgesetzt, als Sie gerade mit einem üppigen Mahl fertig waren? Da schmeckt selbst das Leib-und-Magen-Gericht nicht mehr. Und haben Sie schon einmal vier Wochen lang den gleichen Nachtisch gegessen, nur weil er Ihnen „über alles" geht? Auch dieses Dessert wird nach einiger Zeit fad und „hängt einem zum Hals heraus", wenn man es immer wieder zu sich nimmt.

Um Interesse und Spannung aufrechtzuerhalten, benötigen Menschen Abwechslung. Jede Routine – selbst die der Belohnung – scheint auf Dauer gewöhnlich und langweilig zu werden. „Och, jedes Jahr der gleiche Sekt", stöhnt die Crew bei der Weihnachtsfeier. Und einem selbst geht es vielleicht auch so, dass man die ewig gleichen Häppchen aus dem Feinkostgeschäft nicht mehr mag, obwohl sie anfänglich nicht zu übertreffen schienen.

Das Leben – auch das Arbeitsleben – will bunt gestaltet werden. Es braucht immer wieder frische Impulse und neue Anregungen. Das ist zugegebenermaßen eine Herausforderung, wenn wir die Aufgabe haben, einen Markt immer wieder mit Neuigkeiten zu bedienen, oder wenn es darum geht, Mitarbeiter mit Belohnungen zu guten Leistungen zu motivieren. Dauerbelohnungen werden zur Selbstverständlichkeit und erfüllen nicht mehr ihren Zweck und selbst große Unternehmen, die ihren „Außendienstlern" großzügige Provisionen zahlen, haben mittlerweile Mühe, diese Mitarbeiter zu motivieren.

In der Pädagogik gibt es das Prinzip der gelegentlichen Verstärkung.

Man hat herausgefunden, dass die Wirkung von Belohnung aussetzt, wenn diese regelmäßig auf ein erwünschtes Verhalten erfolgt. Es entsteht ein Gewöhnungseffekt, der die Belohnung nichts Besonderes mehr sein lässt. Es entsteht ein Gefühl von Selbstverständlichkeit. Daraus ergibt sich, dass es für die Kinder oder Jugendlichen nicht mehr attraktiv ist, sich in der gewünschten Form zu verhalten. Viel effektiver ist es, ein Verhalten gelegentlich zu belohnen und dadurch für eine gewisse Spannung und Aufmerksamkeit zu sorgen.

Für das Arbeitsleben bedeutet das: Gesten, mit denen wir Leistungen von Mitarbeitern belohnen, sollten immer einen eigenen Charakter haben. Jede Art von Regelmäßigkeit wird sich „einschleifen“ und ihren Sinn verlieren.

What to do?

Selbstverständlichkeit ist der Anfang der Lethargie. Lassen Sie sich immer mal wieder etwas Besonderes einfallen, um Ihren Mitarbeitern zu zeigen, dass Sie mit ihren Leistungen zufrieden sind.

Eine Pflanze, die oft versetzt wird, gedeiht nicht

Die Tatsache, dass ich seit vielen Jahren für ein Unternehmen arbeite, gab mir die Gelegenheit, einige der Mitarbeiter auf ihrem Weg durch die Firma zu begleiten. Manche von ihnen habe ich bereits kennen gelernt, als sie noch in der Ausbildung waren. Es gibt Wege von einzelnen, die mir nicht nur im Gedächtnis geblieben sind, sondern die geradezu exemplarisch wurden.

Eine unserer fähigsten Marketingexpertinnen hat vor nunmehr zehn Jahren in einem Bereich begonnen, der bald darauf an ein anderes Unternehmen verkauft wurde. Sie wollte in ihrer alten Firma bleiben und bekam eine Aufgabe in einem anderen Geschäftsbereich. Ihre dortige Stelle fiel nach drei Jahren einer Umstrukturierung zum Opfer. Sie war dort mit viel Engagement tätig gewesen und hatte hervorragende Ergebnisse erzielt. Von dort aus wurde sie zur Holding in eine andere Stadt berufen, um ein halbes Jahr später wieder zu ihrem ursprünglichen Standort zurückzukehren und wieder eine neue Aufgabe zu übernehmen. Weitere Umstrukturierungen und Personalwechsel gingen ins Land, die zur Folge hatten, dass die Marketingmanagerin in zehn Jahren an sieben verschiedenen Schreibtischen gearbeitet hat. Heute ist die Mitarbeiterin auf dem Stand, dass sie ein Coaching braucht. Sie hat den Bezug zu ihrer Arbeit, zu ihrem Unternehmen und zu ihren Fähigkeiten verloren. Weinend kam sie zu mir ins Büro, weil die nächste „betriebsbedingte“ Versetzung schon wieder anstand. „Ich kann doch nicht ständig von vorne anfangen!“ Verzweifelt schüttelte sie den Kopf.

Flexibilität und Vielseitigkeit sind Qualitäten, die man einer Führungskraft sicher abverlangen kann. Es ist jedoch ratsam, in der Personalplanung zu respektieren, dass auch Mitarbeiter nur Menschen sind, die sich in ihrem Arbeitsfeld auch zuhause fühlen müssen, um ein Minimum an Wurzeln schlagen zu können. Für die meisten ist das unabdingbar, damit sie in der Lage sind, gute Ergebnisse zu erzielen. Ein Mitarbeiter, der ständig versetzt wird, wird nicht mehr seine volle Leistung erbringen. Er ist zu sehr damit beschäftigt, sich immer wieder auf seinen neuen Bereich, seine neue Arbeitsumgebung, neue Menschen, neue Sachverhalte und vielleicht noch auf eine neue Stadt einzulassen.

What to do?

Häufige „betriebsbedingte“ Versetzung von Mitarbeitern bringt statt des erhofften Nutzens für ein Unternehmen nur Schaden, weil ihre Potentiale nicht mehr zur Entfaltung kommen können. Wägen Sie genau ab, wann Sie Mitarbeiter versetzen und wie oft. Lassen sie ihnen Zeit, um Wurzeln zu schlagen.

Auf einem kleinen Feld wächst auch gutes Korn

Jüngst traf ich mich wieder mit meiner früheren Studentenclique aus der Hochschulzeit. Natürlich haben wir uns wieder einmal gegenseitig bestätigt, dass wir uns überhaupt nicht verändert haben, überhaupt nicht älter geworden und überhaupt immer noch die Gleichen wie früher seien.

Da standen sie nun mal wieder: Die „dicken Autos" vor der kleinen Weinstube, die schon zu Studienzeiten unser Treffpunkt war. Uns allen ist es gelungen, in der freien Wirtschaft unterzukommen. Wir arbeiten als Führungskräfte in der Personal- oder Produktentwicklung, im Controlling und im Marketingbereich. Die Firmennamen auf unseren Visitenkarten können sich sehen lassen und einige von uns geben ihr Wissen bereits als Lehrbeauftragte von Hochschulen an Studenten weiter. Nur ein Auto fügt sich nicht so recht in diesen Fuhrpark ein. Ein älteres Modell, das Martin gehört. Er ist schon kurz nach dem Studium einen anderen Weg gegangen. Er war zunächst einmal ein Jahr lang auf Weltreise und folgte dann seiner bibliophilen Ader, indem er einen kleinen Verlag gründete. Die Bücher, die er dort veröffentlicht, sind kleine Kostbarkeiten, ausgefallen im Inhalt und liebevoll in der Ausstattung. Sie werden weder in Riesenauflagen aufgelegt, noch erwirtschaften sie das große Geld, aber Martin ist ganz offensichtlich sehr zufrieden. Und wir sind es auch, denn er ist für unsere Runde nach wie vor eine große Bereicherung und wir freuen uns jedes Mal, wenn er uns seine neuen Kleinode präsentiert.

Solche Kleinode lassen sich in jedem Unternehmen finden. Das sind Abteilungen, die vielleicht unauffällig wirken und trotzdem wertvolle Arbeit leisten, auch wenn diese nicht unbedingt in Zahlen ausdrückbar ist. Hausmeistereien, Reinigungskolonnen oder Kantinenbewirtungen. Gerade diese kleinen Segmente schaffen die Grundlage, dass wir uns und unsere „wichtigen" Aufgaben gut erfüllen können. Rein rechnerisch gesehen spielen diese Abteilungen meist keine große Rolle, aber sie erwirtschaften dennoch einen enormen Gewinn. Wie wertvoll ist es doch, dass wir uns in unseren sauberen Büros ein wenig zu Hause fühlen, wie sehr lässt uns ein gutes Mittagessen in einer liebevoll gestalteten Kantine am Nachmittag wieder durchstarten, wie angenehm ist es doch, bei einem freundlichen Hausmeister auf offene Ohren zu stoßen! Nicht allein der Jahresabschluss ist für eine Abteilung ausschlaggebend, was ihren Wert für ein Unternehmen angeht.

What to do?

Auch Abteilungen, die nicht unbedingt mit großen Ergebnissen brillieren können, sind für das Funktionieren eines Unternehmens wichtig und bedürfen der Wertschätzung.

In jedem Bauernhaus findet man ein Nudelbrett und eine Ausrede

Das Nudelbrett war in früheren Zeiten fester Bestandteil jedes Hausstandes und symbolisierte Fleiß und harte Arbeit. Heute weiß kaum noch einer, wie man Nudeln selber macht und wie sehr man beim Kneten des Teigs ins Schwitzen gerät. Meine Großmutter machte ihre „Eierteigwaren“ selber und mir klingt noch ihr Ächzen in den Ohren, das das Ausrollen des harten Teigs begleitete. Sie war eine tüchtige Frau, die mit ihrem Mann einen großen Hof versorgte. Auch im hohen Alter erzählte sie noch Geschichten von Knechten, die ganze Tage lang auf entlegenen Feldern verschwunden waren und mit abenteuerlichen Begründungen am Abend zurück zum Hof kamen, oder von Mägden, die stundenlang damit beschäftigt waren, ein paar wenige Wäschestücke zu waschen, „weil im Bach so wenig Wasser gewesen war“. Für sie waren das alles Ausreden. Das Wort Ausrede wurde für uns Kinder zum Inbegriff von „schlecht“.

Übertragen auf das Arbeitsleben, werden sie auch in jedem Betrieb ein Nudelbrett und eine Ausrede finden. Das ist fast ein Naturgesetz. Die beiden stehen stellvertretend für Persönlichkeitstypen oder Verhaltensmuster, die so alt sind wie die Menschheit. Meine Sekretärin zum Beispiel ist so ein Person, die unter die „Nudelbrettkategorie“ fällt. Sie ist eine wahrlich patente Mitarbeiterin, auf die ich mich absolut verlassen kann und die sich für nichts zu schade ist.

Dann gibt es natürlich auch Vertreter der „Ausredner-Fraktion“, die, wenn einmal Überstunden anstehen, öfters „einen dringenden Termin“ haben oder die häufiger unter dem Phänomen „Voll-mit-Arbeit-bisüber-die-Halskrause“ leiden, wenn es darum geht, dass Aufgaben verteilt werden.

Für mich haben solche Ausreden nicht gleich die Bedeutung, dass die entsprechenden Mitarbeiter faul sind und sich vor der Arbeit drücken wollen. Vielmehr neige ich dazu, zu glauben, dass es an der nötigen Motivation oder Zuwendung fehlt. Für mich lautet die Botschaft der Ausrede also eher: „Ich traue mir das nicht zu“ oder „Meine Arbeit ist die schönste Nebensache der Welt!“

Die Kunst des Vorgesetzten ist es, herauszuhören, was hinter der Ausrede steckt und ggf. zu intervenieren. „Tue ich genug, um meine Mitarbeiter für ihre Aufgaben zu begeistern?“ oder „Gehe ich mit gutem Beispiel voran?“ können Fragen sein, die in solchen Situationen angebracht sind. Und was ist mit der „Nudelbrettfraktion“? Auch hier ist Aufmerksamkeit geboten, denn der Krug geht solange zum Brunnen bis er bricht. Lassen Sie dieses Engagement nicht zur Selbstverständlichkeit verkommen. Loben und ermutigen sollte ganz oben auf jeder Tagesordnung stehen.

What to do?

Egal, ob Ausrede, Fleiß oder Lethargie – als Vorgesetzter muss man reagieren. Fragen Sie nach, loben, unterstützen Sie! Ihre Mitarbeiter werden es Ihnen durch gute Leistungen danken.

Einem schweigendem Hund ist nicht zu helfen

Reden ist Silber – Schweigen ist Gold. Das ist leider nicht immer so. Wenn Mitarbeiter sich verschließen und nicht mehr offen mit uns sprechen, dann gibt es die Möglichkeit, das einfach so hinzunehmen. „Ich gehe davon aus, dass ich es mit erwachsenen Menschen zu tun habe, die wissen, was sie tun und lassen", meinte einmal ein Teamchef zu mir, als ich ihn auf die plötzliche Verschlossenheit seiner Sekretärin ansprach. Wir wollen, dass „der Laden läuft". Das tut er aber nicht immer von selbst. Wo Menschen sind, gibt es auch Zwischenmenschlichkeit. Und wo es zwischenmenschliche Reibungen gibt, kann auch ein Team nicht reibungslos funktionieren. Gerade Personalführung impliziert auch Verantwortlichkeit. Als Führungskräfte mit Personalverantwortung können wir es – schon aus eigenem Interesse – nicht hinnehmen, dass Menschen, aus welchen Gründen auch immer, aufhören sich mitzuteilen, alles nur noch in sich hineinfressen oder gar ihre Gefühle mittels einer Sucht unterdrücken. Wo einer anfängt zu schweigen, werden andere nachziehen. Es wird Partei ergriffen werden oder man wird sich solidarisch zeigen. Es handelt sich oft nicht um das Problem eines Einzelnen, sondern es kann zum Problem eines ganzen Teams oder einer Abteilung werden. Streitigkeiten unter Kollegen, Ungerechtigkeiten, Neid, Mobbing, Unverständnis oder Nichtwürdigung von Personen können beispielsweise Grundlage eines solchen Schweigens sein. Wir dürfen als Führungskräfte nicht darüber hinweggehen und so tun, als „sei nichts", indem wir Morgen für Morgen pfeifend in unser Büro gehen und den miesepetrigen Mitarbeiter einfach übersehen, der da blass und stumm auf seinen Bildschirm blickt. „Ich habe den Eindruck, dass Sie in letzter Zeit irgendetwas bedrückt, möchten Sie darüber sprechen?" wäre hier die richtige Frage in einem Vier-Augen-Gespräch. Sie eröffnet der betroffenen Person die Möglichkeit über den Grund ihres Rückzuges zu sprechen, wenn sie will. Es ist nicht nur unsere Aufgabe, miteinander zu arbeiten und gute Ergebnisse einzufahren, sondern auch einander wahrzunehmen. Ein Hund, der nicht mehr bellt, hat einen guten Grund, dass er seine Aufgabe als Wächter nur noch bedingt erfüllt. Vielleicht erfährt man ja die Ursache und kann sie beheben, wenn man sich um ihn kümmert.

What to do?

Stimmungen und Emotionen und deren Wahrnehmung sind für ein Unternehmen genau so wichtig wie Fakten und Ergebnisse. Bleiben Sie auf dem Laufenden darüber, was Ihre Mitarbeiter bewegt.

Ein Baum, der dies' Jahr ruht, trägt das nächste doppelt gut

Die Statistik sagt, dass bislang nur drei Prozent aller Arbeitgeber in Deutschland ihren Mitarbeitern ein Sabbatical-Jahr gewähren. Sabbatical, auch Sabbatjahr genannt, bedeutet Auszeit. Jeder Bauer weiß, dass ein Acker nur dann fruchtbar ist, wenn es in regelmäßigen Abständen brach liegt. Der Boden muss sich regenerieren. Nach solchen Ruhephasen ist der Ertrag um so höher. Der Bauer vertraut der Natur und dem Boden. Offenbar fehlt dieses Vertrauen vielen Managern in den Führungsetagen unserer Unternehmen. Wie sonst käme es zu diesem winzigen Prozentsatz?

Es gibt ein Leben nach der Arbeit, das wissen wir alle nur zu genau. Offenbar sind aber viele Vorgesetzte nicht bereit, ihren Mitarbeitern das zuzugestehen, was sie sich selbst nicht erlauben. Dabei kennen wir sie alle: Die Sehnsucht nach einem Leben ohne Terminkalender. Keine Meetings, keine Präsentation, kein Stress. Ja, richtig, während einer Auszeit stehen weder wertvolle Arbeitskraft noch Kreativität noch Einsatzbereitschaft eines Mitarbeiters der Firma zur Verfügung. Dennoch, der Gewinn für ein Unternehmen ist aus meiner Sicht enorm. Ich bin sicher: Die Kraft, die meine Mitarbeiter in einer längeren Frei-Zeit schöpfen, wird in mein Unternehmen zurückfließen. Vielleicht haben sie ein halbes Jahr im Ausland gelebt und nicht nur die Sprache gelernt, sondern auch fremde Sitten und Gebräuche kennen gelernt und so ihren Horizont erweitert. Vielleicht haben sie eine Weltreise gemacht und sämtliche Museen, die auf ihrer Strecke lagen, besucht und bringen neue Anregungen und Kontakte mit. Möglicherweise waren sie ehrenamtlich auf einer Leprastation

in Indien tätig und wissen nun mehr über Human Ressources als je zuvor. Oder sie haben einfach an einem See gesessen und die Angel ins Wasser gehalten und wissen nun um den Reichtum von innerer Sammlung und Meditation. Auf welche Weise eine solche Auszeit auch immer gestaltet wird, es werden Eindrücke gesammelt und Erfahrungen gemacht, die letztlich dem Unternehmen wieder zugute kommen.
Für mich ist die Auszeit ein wunderbares Instrument, um Personal an ein Unternehmen zu binden und Mitarbeiter (wieder) zu motivieren. Und diejenigen, die nicht wiederkommen...? Die wären über kurz oder lang sowieso ausgestiegen oder in die „innere Emigration" gegangen.

What to do?

Seien Sie weniger ängstlich, Ihre Mitarbeiter sind loyaler als Sie glauben. Niemand ist unersetzbar, schon gar nicht eine begrenzte Zeit lang. Ein Mitarbeiter, der gerne bei Ihnen arbeitet, wird auch wiederkommen und Ihnen mit seiner ganzen (wiedergewonnen) Kraft zur Verfügung stehen.

Es findet sich alles in der Ernte, was und wie einer gesät hat

Ist es nicht tröstlich, dass wir nicht Opfer eines unberechenbaren Schicksals sind, das uns Mitarbeiter „aufs Auge drückt", mit denen wir können oder nicht können? Ist es nicht wunderbar, dass wir auch steuern und mitbestimmen können, mit welcher Energie eine Sache von unserer Abteilung vorangetrieben wird?

Das weitverbreitete Opferdenken bekommt da einen Riegel vorgeschoben, wo wir erkennen, dass es mit in unserer Macht liegt, zum Gelingen eines Vorhabens beizutragen. Wir können überlegen, planen, besprechen und neue Wege erkunden, wenn wir in eine Sackgasse geraten sind. Jeden Tag können wir uns neu entscheiden, wie wir unserer Arbeit und unseren Mitarbeitern gegenübertreten. Wir haben es auch in der Hand, ob unsere Mitarbeiter freudig und ideenreich mit uns arbeiten oder gähnend nach der Stechuhr schielen und während der Arbeitszeit schon ihre Freizeit planen.

Es spricht sich in einem Unternehmen herum, welcher Vorgesetzte in der Lage ist, mit seinen Untergebenen motiviert und klar zu sprechen. Genauso sind auch die „Muffköpfe" über die Grenzen ihrer Abteilungen im ganzen Haus bekannt. Abteilungen sind immer auch ein wenig Spiegelbild ihrer Leitung. So kommunikativ ihre Mitarbeiter untereinander sind, so geradeheraus, so unterstützend, so dürfen Sie sich auch selbst diese Qualitäten zuschreiben. Je mehr Sie aber selbst klagen, dass bei ihren Mitarbeitern „einfach der Wurm drin ist", desto genauer sollten Sie sich fragen, wo Ihr eigener Beitrag zu dieser Situation ist und prüfen, woran es mangelt. Haben Sie Ihr Saatgut sorgfältig ausgewählt? Haben

Sie immer ausreichend gegossen und Unkraut gejätet? Haben Sie nach Gewittern dafür gesorgt, dass der Acker keinen Schaden nimmt?
Je klarer Sie sich über Ihr eigenes Führungsverhalten und Ihre eigene Motivation sind, desto einfacher wird es die Maßstäbe Ihren Mitarbeitern zu vermitteln.

What to do?

Als Vorgesetzter ist man immer auch „Klimatechniker“ und hat die Aufgabe für ein Arbeitsklima zu sorgen, das es den Mitarbeitern möglich macht, dem Unternehmen ihr volles Potential zur Verfügung zu stellen.

Von Ochsen und Eseln, von Konflikten und Lösungen

Ackern und düngen ist besser als beten und singen

Schön, wenn Vorgesetzte sich Zeit für die Probleme ihrer Mitarbeiter nehmen. Sie kennen sie doch sicher auch: geschlossene Türen in der Personalabteilung. Immer sitzt einer „drin". Die Sekretärin rollt mit den Augen. „Kann länger dauern", denn ein Mitarbeiter hat ein Problem, das hinter der verschlossenen Tür verhandelt wird. In seiner Abteilung ist seit einiger Zeit schlechte Stimmung. Es wird gemobbt, getrickst, gelogen und geschoben. Es muss endlich etwas passieren! Wären wir Mäuschen, dann könnten wir hören, wie viele „Sollte, Könnte, Müsste" hinter der geschlossenen Tür im Raum schweben. Sollte man da nicht einmal genauer nachfragen? Könnte es sein, dass der Kollege X das gar nicht so gemeint hat? Müsste man vielleicht einmal eine große Teamsitzung einberufen? Ja, man könnte, sollte, müsste... und wird der Mitarbeiter irgendwann das Büro verlassen, dann sicher nicht ohne ein aufmunterndes Schulterklopfen und begleitet von „Wird schon werden!" Sicher, es wird schon werden. Aber wie? Wer wird die „könnte, müsste, sollte" in konkrete Maßnahmen umsetzen? Wer wird dafür sorgen, dass einem solchen trostreichen Gespräch auch Taten folgen? Heilige Worte, mit denen Menschen dann in ihre Abteilung zurückgeschickt werden. Nichts geschieht, solange die Zahlen am Quartalsende stimmen. Keiner denkt daran, wie sie vielleicht aussehen könnten, wenn das Betriebsklima in Ordnung wäre.

Es ist gut, sich Zeit zu nehmen und mit Mitarbeitern über ihre Probleme zu sprechen und ggf. Trost zu spenden. Aber oft reicht es nicht aus. Die Probleme müssen auch ernst genommen werden und manchmal in konkrete Maßnahmen umgesetzt werden. Harmonie ist schön, aber oft muss man sie sich (wieder) hart erarbeiten. Es nutzt nichts, Konflikte mit schönen Worten unter den Teppich zu kehren. Es muss geackert werden, das heißt auch Unkraut beseitigen. (Das tut niemand gerne!) Es muss gedüngt werden, mit unterstützenden Maßnahmen, vielleicht einer Mediation oder einer Supervision oder einem Konflikttraining. Nicht nur reden, sondern machen!

What to do?

Widerstehen Sie der Versuchung, sich durch ein eventuell trostreiches Gespräch über ein Problem davon abbringen zu lassen, das Problem im Auge zu behalten und es durch klare Maßnahmen aus der Welt zu schaffen. Bleiben Sie konkret und fragen Sie nach, welches die Folgen eines Gespräches sind und formulieren Sie eine klar umrissene Aufgabe.

Jeder miste seinen eigenen Stall

Auf einer Bahnfahrt zu einem Vortrag über Arbeitsrecht hatte ich eine Begegnung, die mich im Nachhinein sehr nachdenklich gemacht hat. In meinem Abteil saß ein Mittvierziger, der ganz offensichtlich zu meiner „Zunft" gehörte. Sein Notebook summte leise und alle paar Minuten klingelte sein Handy. (In der Tat war er, wie sich später herausstellte, ein leitender Angestellter eines großen Unternehmens.) Ich war gut gelaunt, freute mich auf meinen Vortrag, der eine willkommene Abwechslung in meinem Arbeitsalltag war und ich ließ mich durch die Geschäftigkeit meines Mitreisenden nicht aus der Ruhe bringen. Ich blätterte in meiner Zeitung und irgendwann entstand ein Gespräch zwischen uns, das sehr bald in eine hitzige Diskussion mündete. Er sah sich bemüßigt, einen Kommentar zu einem Artikel in meiner Zeitung abzugeben. „Vorstand kassiert 95 Mio. Euro Abfindung!" stand da in großen Lettern über einem Artikel geschrieben, der das jähe Ende einer Vorstandskarriere beschrieb. „Kein Wunder, dass bei solchen Summen unsere Wirtschaft nicht in Gang kommt!", schimpfte meine Bahnbekanntschaft. „Lug und Trug auf allen Ebenen, die Oberen nehmen sich die Millionen und die Unteren lassen Druckerpatronen und Notizblöcke mitgehen!"

Eigentlich war es gar keine Diskussion, die wir führten, eher ein langer Monolog meines Gegenüber. Abgesehen davon, dass ich wenig zu erwidern gehabt hätte, es wäre es auch schwierig für mich gewesen, ihm dreinzureden. Er steigerte sich richtiggehend in das Thema hinein und ich war schließlich froh, dass er bald ausstieg. Ich sah ihm noch nach, wie er mit hochrotem Kopf auf dem Bahnsteig seinen Koffer hinter sich herzog. Er hatte kein gutes Haar an dem betroffenen Unternehmen gelassen. „Und selbst, wenn es so wäre, dass alle nur auf ihren eigenen Vorteil bedacht sind, das, was ich tun kann, kann ich doch nur in meinem Bereich tun. Ich kann an meinem Platz anfangen, etwas zu verändern“, dachte ich bei mir. „Ich kann dafür sorgen, dass mein Stall sauber bleibt.“

Das Unternehmen, für das meine Bahnbekanntschaft tätig war, hatte übrigens eine Woche später seine Schlagzeilen – geschmückt mit einem Foto des „feinen Herrn“.

What to do?

Bevor Sie beginnen, „den Stall von anderen auszumisten“, kümmern Sie sich besser um Ihren eigenen Mist! Gibt es in Ihrem Arbeitsbereich dunkle Ecken? Wo sind Ansatzpunkte für Veränderungen?

Es ist ein Esel, der mit einem Esel streitet

Haben Sie schon einmal einen Esel schreien hören? Ihihihihiaaaaaaah! Wenn es etwas gibt, das das Gegenteil von sachlicher Argumentation ist, dann ist es doch wohl das Geräusch, das dieses Grautier von sich gibt, oder?

Vor ein paar Wochen hatte ich einen Vorbereitungstermin für ein Seminar bei einem größeren Unternehmen. Ich stellte meinen Wagen im firmeneigenen Parkhaus ab und machte mich auf den Weg zu meinem Gesprächspartner. Ich hatte noch keine zehn Meter zurückgelegt, als mich von hinten ein Wagen der gehobenen Mittelklasse überholte und schnittig auf eine Parklücke lossteuerte, die gerade frei wurde. Dort hatte ein Kleinwagen gestanden, der offenbar darauf wartete, dass der Parkplatz frei wurde und dessen Fahrer nun das Nachsehen hatte. Er stieg aus und wollte den anderen Autofahrer auf das offensichtliche Missverständnis aufmerksam machen. „Entschuldigung, ich habe darauf gewartet, dass das Auto wegfährt, um hier zu parken. Das konnte man doch sehen!" Der andere entgegnete: „Ich hab' nichts gesehen. Wer zuerst kommt mahlt zuerst!" Ein Wort ergab das andere und schnell ging die anfänglich ruhige Argumentation in ein Wortgefecht über, das an Deftigkeit nichts zu wünschen übrig ließ. Am Ende nannten die beiden Kontrahenten sich gegenseitig Idioten. Ich dachte bei mir: „Ihr habt Recht, beide!" und ging meiner Wege.

Ich habe die Streithähne beide in schlechter Erinnerung behalten, obwohl es im eigentlichen Sinne nur einen Unverschämten in der Situation gegeben hatte und der andere anfänglich meine ganze Sympathie gehabt

hatte. Aber er hatte sich auf das Niveau seine Kontrahenten herunterbegeben und somit sein erlittenes Unrecht sozusagen neutralisiert. Den richtigen Ton hatte keiner der beiden getroffen.
In Arbeitssituationen ist es manchmal auch schwierig einen sachlichen Ton zu bewahren, insbesondere, wenn das Gegenüber sehr emotional und vielleicht ungerecht argumentiert. Recht und Unrecht wird aber irgendwann mit zunehmendem Lärmpegel und sinkendem Niveau nicht mehr unterscheidbar und am Ende stehen beide Beteiligten für die Umstehenden da wie zwei Esel, die sich allenfalls „tierisch" benehmen und nicht wie zivilisierte Menschen.

What to do?

Versuchen Sie auch in emotional geführten Auseinandersetzungen gute Umgangsformen zu wahren, selbst wenn sie durch Ihr Gegenüber verleitet werden, laut zu werden. Geschrei und Deftigkeiten sind keine imagebildenden Maßnahmen, die das Ansehen in Ihrer Umgebung erhöhen, auch wenn Sie faktisch im Recht sind.

Du suchst im Busch, in dem du hockst, gerne einen anderen Ochs'

Mussten Sie auch schmunzeln? Ich fühlte mich jedenfalls ertappt, so als ob man mir einen Spiegel mit dieser Bauernweisheit vorgehalten hätte. Nicht dass ich meine Fehler gerne oder bewusst auf andere schiebe, aber ich glaube, auch ich habe manchmal die ganz menschliche Tendenz, dass ich mich umschaue, wenn ein Karren in den Dreck gefahren worden ist, wer dazu vielleicht noch seinen Beitrag geleistet hat. Geteiltes Leid ist halbes Leid, das gilt auch für diesen Fall. Keiner mag es wirklich, mit einem Fehler oder einer Schuld alleine dazustehen. Gibt es noch einen zweiten „Ochsen“, dann können wir auch nicht so unfähig sein.

Wir kennen diese Verhalten bereits aus Kindheitstagen: „Was, hast du das kaputt gemacht?“ Die Antwort: „Ja, aber der hat auch was kaputt gemacht!“ Später in Partnerschaft oder Ehe ist es dann das „Und du? -Prinzip“. („Immer kommst du mit deinen Gartenschuhen ins Haus!“ „Und du? Ich brauche immer eine halbe Stunde, bis ich wieder klarkomme, wenn du an meinem Computer warst!“ Merken sie was? Wir sind bravourös darin, jegliche Kritik abzuschwächen und von uns zu weisen, indem wir sie auf einen anderen projizieren.

Es ist im Privatleben wie auch im Arbeitsalltag schwer, Kritik anzunehmen. Es ist unbequem und bedarf sicher einer gewissen Übung, einfach und klar zu einer Sache zu stehen. Wenn Sie selbst in der Lage sind, zu ihren Fehlern zu stehen und sie zuzugeben, dann zeigen Sie menschliche

Größe und dies hat dann auch Auswirkungen auf den Umgang Ihrer Mitarbeiter mit „Patzern". Und es wird vielleicht nicht mehr heißen: „Meine Sekretärin hat vergessen..." sondern „Entschuldigung, den Termin habe ich übersehen." Leider sind wir es oft anders gewohnt. Wir können diesem Verhalten aber gegensteuern, indem wir uns beobachten. Halten Sie also kurz inne, wenn Sie sich selbst bei einem Fehler ertappen oder von außen Kritik an Sie herangetragen wird. Sind Sie verantwortlich oder nicht?

Nur angenommene Kritik bietet die Chance, dass beim nächsten Mal etwas anders oder besser wird.

What to do?

Geben Sie Ihren Mitarbeitern ein gutes Beispiel. Stehen Sie zu Ihren Fehlern und zeigen Sie dadurch menschliche Größe.

Wer's Wetter scheut, kommt niemals weit

In Führungshandbüchern kann man immer wieder lesen: „Menschen brauchen Führung. Ein Unternehmen ist kein Streichelzoo." Wie kommt es nur, dass viele Führungskräfte, die einen autoritären Führungsstil ablehnen, gleich ins Gegenteil verfallen? Lob fördert und ist angenehm für alle Beteiligten, das haben wir am eigenen Leib erfahren und gelernt. Aber was ist mit unangenehmen Anweisungen, die man weitergeben muss? Mit Konflikten, denen man sich stellen muss? Mit Grenzen, die man gerade in einer Führungsposition immer wieder ziehen muss? Grenzen sind dort notwendig, wo Menschen gemeinsam an einer Sache arbeiten. Was ist dein Job? Was ist mein Job? Feedback ist eine Rückmeldung, die unter Umständen schon einmal kritisch, unangenehm ausfallen kann. Davor haben Menschen Angst. Nicht nur diejenigen, die ein solches Feedback erhalten, auch diejenigen, deren Aufgabe es ist, es zu geben. „Und nachher ist die Stimmung noch mieser!", meinte ein Abteilungsleiter. Er hatte einen Mitarbeiter, der durch seine Launen das Betriebsklima des ganzen Teams störte. Ich halte nichts von totschweigen, das ist für mich kontraproduktiv. Ich halte auch nichts von Führungskräften, die mit ihren Dienstwagen vorfahren, die ihnen laut Dienstvertrag zustehen, die sich aber vor jedem Konflikt scheuen. In ihrem Vertrag haben sie auch Personalverantwortung übernommen. Dies bedeutet auch, dass man unangenehme Gespräche führen und dazu bereit sein muss, Lösungen für schwierige zwischenmenschliche Probleme zu finden. In jeder Krise liegt auch eine Chance, deswegen ist Panik unangebracht. Wer hat überhaupt gesagt, dass unangenehme Gespräche auch auf unangenehme Art und Weise geführt werden müssen? Wenn wir nach Lösungen suchen, anstatt im Problem herumzustochern, dann entsteht aus einer solchen Situation oft ganz schnell ein Gewinn für die Beteiligten. Und der wird uns den Mut geben, kommenden Konflikten und Problemsituationen offen ins Auge zu schauen. Auf jeden Fall hat das, was wir tun, Signalwirkung. Sei es, dass wir Dinge „unter den Teppich kehren“ oder „Knackpunkte“ furchtlos ansprechen.

What to do?

Lernen Sie es auszuhalten, dass Sie nicht von allen und jederzeit geliebt werden. Achtung und Respekt sind ein guter Ersatz und die erwirbt man sich mit Klarheit und Ehrlichkeit.

Auch Fliegen haben ihre Galle

„Das ist doch bloß eine kleine Sekretärin", meinte einmal ein Manager ganz lapidar. Seine Abteilung lief nicht rund, deswegen war eine Supervision nötig geworden. In einem Meeting mit der ganzen Belegschaft sollten die Konflikte zur Sprache kommen. Das Denkwürdige war, dass es kein Problem gab, es war kein Konflikt zu benennen. Nichts war vorgefallen, was Anlass für ein Coaching oder eine Mediation gegeben hätte. Von keinem der anwesenden Mitarbeiter wurde eine Befindlichkeit geäußert, die darauf verwiesen hätte, was in der Abteilung nicht stimmte, und an die man hätte anknüpfen können. Dennoch war die Atmosphäre vergiftet. Es war eine Art Schwelbrand, der sich hartnäckig in der ganzen Abteilung hielt und vor sich hinräucherte. Immer wieder hatten Gerüchte die Runde gemacht, die in der Folge Unzufriedenheit und eine eigene Art von Widerstand bei vielen Mitarbeitern erzeugt hatten. „Die Luft war raus" und es fehlte „der frische Wind", der Pegel des Engagements war von Tag zu Tag mehr gefallen. „Was meint denn Ihre Sekretärin zu dieser Stimmung?", hatte ich im Zweiergespräch danach den Abteilungsleiter gefragt und eben jene Antwort erhalten.

Viele Führungskräfte täuschen sich darüber, wie viel Macht eben diese „kleinen Sekretärinnen" haben. Sie sind die Verbindungsglieder zwischen den einzelnen Elementen einer Abteilung oder eines Unternehmens. Sie haben oft den meisten Kontakt mit Mitarbeitern und können diese Verbindungen gestalten und mit Stimmungen unterfüttern. Mitarbeiter, die so genannte „niedrige" Arbeiten ausführen, und nicht in ausreichendem Maß gewürdigt werden, können fatale Folgen für ein Team haben. Unzufriedene Sekretärinnen, die ihren Dampf ablassen, haben eine große Wirkung. Unterschätzen Sie also die „kleinen“ Sekretärinnen nicht, denn gerade sie sind für den Puls eines Unternehmens ungeheuer wichtig.

Und was ich dem Abteilungsleiter sagte, wollen Sie noch wissen? Ich fragte ihn, wer ihn denn derart ausgezeichnet hatte, dass er sich solcherart über andere Menschen erheben kann.

What to do?

Schwelbrände entstehen häufig durch ungenügende Kommunikation oder mangelnde Würdigung der Mitarbeiter. Menschen, die nicht genügend anerkannt werden, spucken irgendwann Gift und Galle. Schon aus Selbstschutz oder um wenigstens auf diese Art und Weise auf sich aufmerksam zu machen. Der anschließende Reinigungsprozess ist allemal aufwendiger als ein freundliches „Wie geht’s?“

Ein Bach ist leichter aufzuhalten als ein Strom

Aber man muss schon die Ohren spitzen, um sein Rauschen inmitten von hohem Gras wahrzunehmen. Dieses kleine Gemurmel und Gebrummel des Flusses in Ihrem Unternehmen, das Ihnen davon erzählt, ob das Klima ausgewogen ist oder nicht. Wer spricht mit wem und wer spricht mit wem nicht? Ist der Umgangston gut oder regen sich die Mitarbeiter ständig übereinander auf? Besteht ein guter Gesprächsfluss zwischen der Führungsetage und den Mitarbeitern, selbst denen in den „unteren" Funktionen?

Es ist gut zu wissen, wie der Kommunikationsbach läuft und es ist gut zu beobachten, wie der Pegel nach einer Trockenheit oder einem Unwetter fällt oder steigt. Dann heißt es nämlich wachsam sein und eingreifen bevor eine ganze Abteilung oder gar ein ganzes Unternehmen überflutet werden. Kleine Missverständnisse oder Unstimmigkeiten können meistens ausgeräumt werden. Wenn die nicht geschieht, dann werden aus ihnen oft schlechte Stimmungslagen, die wie eine Flutwelle ganze Bereiche überrollen können. Hochwasser und mitreißende Ströme haben ihre Vorboten. (Sie kommen sozusagen nicht aus heiterem Himmel.) Einer aufmerksamen Führungskraft werden sie nicht entgehen. Eine Abteilung, in der eine schlechte Stimmung herrscht, kann nicht effektiv arbeiten. Die Lust an der Arbeit geht verloren und es kostet viel Energie, die Mitarbeiter zu disziplinieren und sich selbst zu motivieren. Man kann solche Situationen ganz einfach vermeiden, indem man den Kontakt zu den Mitarbeitern hält und Konflikten nicht aus dem Weg geht. Das ist in großen Unternehmen mit ihren komplexen Strukturen manchmal nicht ganz einfach. Dort gilt es dann, ein funktionierendes Kommunikationssystem zwischen den einzelnen Hierarchien zu installieren, das die Pegelstände reguliert.

What to do?

Suchen Sie das Gespräch mit ihren Mitarbeitern und laufen Sie nicht davon, wenn es Konflikte gibt. Durch ein kurzes Gespräch ist schon mancher Bach ein Bach geblieben, der friedlich vor sich hinrauscht.

In Not und Gefahr sind Freunde rar

Alles ging sehr schnell und reibungslos. Vom Vertriebsassistenten stieg Herr H. schnell zum Assistenten des Vertriebschefs auf und nach ein paar Jahren, als der Leiter der Abteilung in den Ruhestand entlassen wurde, war die Sache geregelt: Herr H. würde ab sofort diese Aufgabe übernehmen. Das Leben wurde dadurch nicht entspannter. Herr H. war viel auf Geschäftsreisen und wenn er mal in der Firma war, dann selbstverständlich morgens als Erster. Es war ein Arbeitsalltag, wie ihn viele Führungskräfte kennen. Herr H. brachte es oft auf 60 – 70 Arbeitsstunden in der Woche, aber er störte sich nicht daran, denn seine Position war für ihn immer noch mehr Berufung als Beruf. Dieses Gefühl wurde durch die Freundschaft mit dem geschäftsführenden Inhaber intensiv gefestigt. Es war ein stetiger, naher Kontakt und irgendwann bezeichneten sich die beiden Männer als die allerbesten Freunde. Sogar Familienbande knüpften sich daraus. Herr H. feierte die Geburtstage mit seinem besten Freund und beide Männer wurden gegenseitig Paten bei den Kindern. Die gemeinsamen Urlaube waren eine feste Größe und je tiefer diese Männerfreundschaft ging, desto besser schien die Zusammenarbeit zu werden. Dass Herr H. die Prokura erhielt, war eine logische Konsequenz, seine Teilhaberschaft an der Firma der nächste Schritt, den beide Männer gehen wollten. Bevor es so weit kam, klappte jedoch Herr H., gerade mal Mitte vierzig, aufgrund einer Hirnblutung zusammen. Blaulicht, Intensivstation, mehrwöchiger Krankenhausaufenthalt. Für die Firma kam dieser Ausfall überraschend und niemand war in der Lage die Projekte zu übernehmen. Wichtige Kontakte im Ausland lagen brach. Innovative Vertriebsmöglichkeiten wurden nicht realisiert. Der Geschäftsführer besuchte Herrn H. jedoch so oft wie möglich und hielt mit ihm telefonischen Kontakt. Als sich nach aufwendigen Untersuchungen herausstellte, dass seine Genesung Monate dauern würde, dünnte sich der Kontakt auf einmal aus. Der Geschäftsführer rief immer seltener an und irgendwann musste Herr H. enttäuscht erkennen, dass die Verbindung gar nicht mehr bestand. In der Reha-Klinik erfuhr er schließlich aus der Zeitung, dass die Stelle für einen Prokuristen und Vertriebschef an seinem Unternehmen ausgeschrieben war. Herr H. wollte nicht glauben, was er da las. Sein bester Freund hatte ihn verraten! Menschlich und beruflich war dies für ihn ein großer emotionaler Schock. Auch rechtlich war keine Hilfe zu erwarten. Herr H. hatte – im Namen der Freundschaft – versäumt, seine Position auch vertraglich zu fixieren.

What to do?

Geld oder Freundschaft? In „dicken" Freundschaften vergisst man manchmal, formale Angelegenheiten so zu regeln, dass sie die Freundschaft überdauern. Sichern Sie Ihre Position durch Verträge für den Fall, dass die Entscheidungsfrage ansteht.

Kleine Äste geben auch Feuer

Die schlechte Laune hielt sich seit Wochen. Immer wieder flammten in einzelnen Büros kleine Streitigkeiten auf, denen niemand so recht Aufmerksamkeit schenkte. Mal war eine Sekretärin sauer, mal fühlte sich ein Sachbearbeiter auf den Schlips getreten oder ein Mitglied der Führungsebene beklagte sich, dass ihm die Unterstützung fehle. Es war eben eine Schlechtwetterphase, wie sie auch im schönsten Sommer einmal vorkommen kann. „Das gibt sich wieder!", war die Auskunft meines Kollegen, als ich ihn auf das Betriebsklima in seiner Abteilung ansprach. Es gab sich aber nicht. Nach zwei Monaten hatte er eine Abteilung voller frustrierter Menschen und nichts lief mehr rund. Die Nörgeleien hatten sich nicht nur gehalten, sondern immer neue Bereiche infiziert, als wären sie ein ansteckender Virus. Selbst die gesündesten, bestgelauntesten Mitarbeiter waren am Ende davon befallen. „Was ist eigentlich los?", fragte sich mein Kollege und konnte keine Antwort finden. „Nicht aufgepasst", konnte ich nur lakonisch antworten.

Mit den Launen und Streitigkeiten in einer Abteilung ist es wie mit einem Bus voller Kinder. Wenn es einem schlecht wird, dann erbrechen sich bald alle. Besser ist es, rechtzeitig eine Pause einzulegen, eine Runde Luft zu schnappen und ggf. dem Kind, dem es schlecht geht, die Tüte mit den Gummibärchen erst einmal wegzunehmen.

Selbst wenn der Haussegen in einer Abteilung nur ein bisschen schief hängt, ist es ratsam, eine Pause zu machen und die „Übelkeit" zu thematisieren. Im Alltagsgeschäft einhalten und vielleicht bei einer außerordentlichen Teamsitzung oder in einem Einzelgespräch nachfragen: „Wo drückt der Schuh? Wovon wird Ihnen eigentlich gerade schlecht?"

Die Verstimmung ist in aller Regel bald zu beseitigen, bevor ein schädlicher Virus überhaupt entstehen kann. Darüber zu sprechen ist das wirksamste Heilkraut. Es hilft, eine Diagnose zu erstellen und es beseitigt die Beschwerden. Ein Vorgesetzter, der Antennen für die Befindlichkeiten seiner Mitarbeiter und den Gesundheitszustand seiner Abteilung hat, zeugt von Interesse und menschlicher Kompetenz. Nichts ist demotivierender für Menschen als ein Chef, von dem alle sagen: „Der sitzt das aus, wenn er's überhaupt merkt!"

What to do?

Sie sind nicht nur Führungskraft sondern im Zweifelsfall auch Feuerwehrmann. Beobachten Sie Ihren „Wald" gut, denn aus weggeworfenen Zigarettenstummeln sind schon Buschbrände geworden. Man kann seine Löschgeräte warten, indem man ab und an seine kommunikativen Fähigkeiten schult.

Ein aufrichtiges Donnerwetter ist besser als ein falsches Vaterunser

Das konnten wir doch als Kinder schon nicht leiden, wenn wir etwas ausgefressen hatten und unsere Mutter sich als Reaktion beleidigt von uns zurückzog. Erinnern Sie sich noch an diese schweren Stimmungslagen, die tagelang in der Luft hingen und zäh waren wie Kaugummi? Wie man Ihre Frage „Sind wir wieder gut miteinander?" immer wieder abwiegelte: „Ja, ja, es ist alles in Ordnung!" Und doch blieb die Atmosphäre gespannt und sprach Bände von tiefer Enttäuschung, die praktisch nicht mehr gutzumachen war. Grauenvoll! Denn man hatte keinerlei Möglichkeit, sich zu rehabilitieren oder seinen Fehler zu begreifen und daraus zu lernen. Irgendwann renkte sich dann alles sozusagen von alleine wieder ein und war gut. Von jetzt auf nachher, eine Wunde blieb jedoch immer zurück.

Es gibt viele Menschen, die derart reagieren, wenn ihnen das Verhalten von anderen „gegen den Strich" geht. Mit meiner Geschichte im Hinterkopf habe ich dagegen die Menschen schätzen gelernt, denen ihr momentaner Unmut ins Gesicht geschrieben steht, die ihrem Ärger Luft machen und anschließend wieder zur Tagesordnung zurückkehren. Ich denke dabei nicht an Launenhaftigkeit, sondern an Ärgernisse: Jemand hat einen Fehler gemacht, es hat etwas nicht geklappt, es hat sich jemand danebenbenommen, eine Sache ist anders verlaufen, als gewünscht und so weiter. Wie wohltuend ist es doch, wenn dann nicht hinter verschlossenen Türen gemunkelt und auf dem Flur süßsauer gelächelt wird, sondern wenn das Ärgernis ggf. in entsprechend unangenehmem Ton zur Sprache kommt und man ein solches Gespräch verdauen und dann wieder weiterarbeiten kann. Menschen brauchen Klarheit. In guten wie in schlechten Zeiten. Ein Ärger, der mitgeteilt wird, kann im nächsten Moment schon geklärt und behoben werden. Dazu gehört oft Mut, denn wir alle neigen eher dazu, in Harmonie leben und arbeiten zu wollen. Doch wahre Harmonie findet ein Stockwerk tiefer statt. Wenn sich zu viele Leichen im Keller sammeln, wird uns über kurz oder lang der Kragen platzen und das ist dann meistens das definitive Ende der Harmonie.

What to do?

„Gute Miene zum bösen Spiel machen“ ist ein Indiz dafür, dass wir unseren Mitarbeitern nicht vertrauen. Aufrichtigkeit erzeugt dagegen Vertrauen. Machen Sie Ihrem Ärger Luft und lassen Sie die Gewitterwolken vorüberziehen. Ihre Mitarbeiter werden es Ihnen danken und Sie ersparen sich ein Magengeschwür.

Eine Maus, die sich retten will, ist nicht wählerisch in den Löchern

Hauptsache, sie findet Unterschlupf. Und noch besser geht es ihr, wenn es sich dabei um das Loch einer Maus der eigenen Gattung handelt. Dann schlüpft sie flink hinein und die beiden Mäuse können im Zweifelsfall gemeinsam lamentieren, dass die Welt da draußen böse ist, der Käse schlecht und die Katze überhaupt das allerletzte. Oder sich schlicht und ergreifend darüber freuen, dass sie mal wieder mit heiler Haut davon gekommen sind. Nach einer angemessenen Zeit traut man sich dann wieder heraus. „Ist die Luft wieder rein?", hört man sie fragen. Offenbar, denn von der Katze sieht man gerade keine Spur. Die ist vermutlich auf irgendeiner Sitzung oder im Dienstwagen unterwegs.

Im übertragenen Sinne handelt diese kleine Geschichte von Mitarbeitern, die Auseinandersetzungen dergestalt aus dem Weg gehen, dass sie sich zu Kollegen flüchten, um dort Unterstützung (gegen Sie!) zu finden. Das gelingt dann auch oft. Die Grundlage dafür ist aber, dass auch die Katze ihre Rolle spielt. Und an dieser Stelle kann jeder Vorgesetzte intervenieren. Katz-und-Maus-Spiele können ganz einfach beendet werden, indem die Katze nicht mehr Katze spielt, sondern den Mäusen klarmacht, dass man an einem Strang zieht, an einer gemeinsamen Sache und nicht gegeneinander arbeitet. Jeder an seinem Platz und in seiner Funktion. Im unternehmerischen Klartext heißt das: Unstimmigkeiten und Konflikte sind schnell zur Kenntnis zu nehmen und zu lösen. Man muss nachhaken, wenn man spürt, dass nach einem Konflikt noch nicht alle Punkte ausgeräumt sind. Ein offener Lösungsvorgang kann sehr produktiv sein, ein schwelender Konflikt kann eine Abteilung vergiften und ein Arbeitsklima schaffen, das die Leistungsbereitschaft aller Beteiligten sehr beeinträchtigen kann.

What to do?

Achten Sie darauf, den Kontakt zu Mitarbeitern auch in „kritischen" Zeiten zu halten! Wenn man mit Konflikten mit der nötigen Offenheit umgeht und sie transparent macht, verhindert man damit kontraproduktive Seilschaften. Fragen Sie nach! Das ist nicht nur Ihr Recht, sondern Sie sind dazu gewissermaßen verpflichtet. Getuschel ist für eine Abteilung pures Gift.

Einem fliehenden Feind bau' eine goldene Brücke

Selbst die besten Verfahren bei der Auswahl von Mitarbeitern können nicht verhindern, dass sich Arbeitsverhältnisse manchmal in eine Richtung entwickeln, wie sie von beiden beteiligten Parteien nicht gedacht war. Wo Menschen zusammen arbeiten, „menschelt" es. Wir entwickeln uns tagtäglich weiter, manchmal auch in unterschiedliche Richtungen. So kann es vorkommen, dass der Mitarbeiter, der beim Einstellungsgespräch zuverlässig und geeignet erschien, sich in der täglichen Unternehmensroutine als Mensch zeigt, der wenig belastbar ist. Manchmal stimmt es mit der Chemie nicht und hin und wieder stellt sich sogar heraus, dass ein Mitarbeiter, dem wir vertrauen, uns hintergeht. „Wie konnte mir diese Falschheit nur entgehen?", fragt man sich dann als Vorgesetzter. Wut und Enttäuschung melden sich. Selbst wenn der Mitarbeiter bereit ist, seinen Schreibtisch von sich aus zu räumen, verspüren wir dann häufig Lust, uns zu rächen. „Der wird schon noch sehen, was er davon hat!", denkt man sich vielleicht und malt sich in Gedanken aus, wie man diesem Menschen noch „eins auswischen" könnte. „So kommt der mir nicht davon!", knirscht man am Abendbrottisch und überlegt sich Rachefeldzüge, die einem Genugtuung verschaffen könnten. Sie merken es schon – was sich hier so vehement meldet, ist die verletzte Eitelkeit. Wir wollen perfekt sein in unserer Arbeit und erwarten von unseren Mitarbeitern, dass sie sich in gleicher Weise für das Unternehmen engagieren wie wir selbst. Dass solch ein Mitarbeiter uns unsere Fehlbarkeit aufzeigt, kränkt uns und ruft nach Satisfaktion.

„Reisende soll man nicht aufhalten," heißt es. Wenn Sie das Glück haben, dass ein Falschspieler oder ein unfähiger Mitarbeiter freiwillig seinen Platz räumt, so unterstützen Sie ihn, wo Sie nur können, auch wenn es schwer fallen mag. Für Vorwürfe und Diskussionen ist es nun zu spät. Das Hühnchen, das Sie rupfen wollen, ist zu diesem Zeitpunkt schon längst geschmort. Suchen Sie die Win-Win-Situation. Das kostet Sie vielleicht Geld in Form von einer Abfindung, spart Ihnen aber Kraft und schlechte PR, die jeder unzufriedene Mitarbeiter, der geht, mit nach draußen trägt. Freuen Sie sich lieber, dass Sie den freiwerdenden Arbeitsplatz schon bald mit einem Mitarbeiter besetzen können, der Ihren Vorstellungen besser entspricht.

What to do?

Wenn ein unangenehmer Mitarbeiter das Unternehmen verlässt, so sorgen Sie dafür, dass er genügend Proviant in seinem Säckel hat. Am Ende kommt er wieder und beklagt sich. Besser ein Nimmer-Wiedersehen im Guten als ein Immer-Wiedersehen vor Gericht.

Von Sätteln und Betten, von Mitarbeitern und Möglichkeiten

Die Wurzel muss den Stamm ernähren und Nahrung ihr der Stamm gewähren

Wir vergessen es doch immer wieder: Unsere Mitarbeiter sind nicht nur für unser Unternehmen da, sondern wir auch für unsere Mitarbeiter. In Zeiten hoher Arbeitslosigkeit schleicht sich an personalverantwortlicher Stelle schnell das Denken ein, dass Menschen leicht zu ersetzen sind. Schließlich gibt es ja genug davon! Wieso dann auf das Genöle und Getöse in den unteren Reihen achten? Auf die ständigen Forderungen nach besseren Arbeitsbedingungen, die komplizierten Wünsche nach günstigeren Arbeitszeiten und last but not least nach mehr Geld. Da ist es doch viel einfacher, einen neuen „Bescheidenen" einzustellen. „Sie hat in allen Punkten meine Vorschläge akzeptiert," triumphierte ein Kollege nach einem Einstellungsgespräch mit einer künftigen Mitarbeiterin. „Selbst die unbezahlten Überstunden!" „Mhm...", war meine bescheidene Antwort. Ich dachte: „Schauen wir mal". Und in der Tat, der Triumph war von kurzer Dauer. Kurze Zeit später traf ich meinen Kollegen auf dem Flur und erkundigte mich über die neue Mitarbeiterin. „Na ja, so lala. Sehr bescheiden, mit anderen Worten, sie will nichts. Damit kann ich zur Not noch leben. Aber sie gibt auch nichts. Es ist 0815, was sie so macht. Und sie bezieht sich ständig auf ihren Vertrag, wenn ich etwas zu ihr sage. Das ist anstrengend."

Aus welchen Gründen sollte diese Mitarbeiterin auch motiviert sein? Was hat sie davon, wenn sie ihre Zeit und ihre Kreativität und ihr Engagement in das Unternehmen steckt? Wo ist ihr Gewinn? Schön, sie bekommt am Ende des Monats ihre Gehaltsabrechnung, aber vielleicht ist sie selbst in Bezug auf diese bis an ihre Schmerzgrenze gedrückt worden. Und was hat sie von ihren Überstunden? Dafür muss man einen Mitarbeiter motivieren, wenn nicht durch Bezahlung, dann durch andere „Bonbons", zum Beispiel, indem man ihm in seinen individuellen Wünschen entgegenkommt und ihm dadurch das Gefühl verschafft, dass man ihn und seine Arbeit ernst nimmt. Es ist keine Gnade, arbeiten zu dürfen. Es geht nicht nur darum, Arbeit zu geben und einen anderen nehmen zu lassen (der froh sein soll, wenn er nehmen darf). Ein Arbeitgeber ist gut beraten, wenn er seine Arbeit, die er zu vergeben hat, auch immer wieder seinen Arbeitnehmern schmackhaft macht. Er will ja schließlich gute Ergebnisse. Und: Arbeitszeit ist Lebenszeit, die wir alle möglichst angenehm und in dem Gefühl, etwas Sinnvolles zu tun, verbringen wollen. Ein Beispiel ist, dass in den letzten Jahren die Baumärkte wie die Pilze aus dem Boden geschossen sind. Dort finden sich die Materialien, um Selbstverwirklichung zu Hause nachzuholen, die man während der Arbeitszeit versäumt.

What to do?

Achten Sie darauf, mit Ihren Mitarbeitern so umzugehen, dass diese sich nicht als „Nummern" fühlen. Merken Sie sich ihre Namen und behalten Sie wichtige persönliche Informationen, damit Sie sie auch auf einer emotionalen Ebene ansprechen können, wo sich die Mitarbeiter wahrgenommen fühlen.

Besser biegen als brechen

Zugegeben, es ist nicht immer leicht einen Kompromiss zu finden. Jede Seite beharrt auf ihrem Recht, jeder hat ein Interesse, seine Idee durchzusetzen, weil er sie für die Richtige hält. Was für den einen richtig ist, ist für den anderen grundfalsch. Objektive Wahrheiten gibt es nur noch beim Schreiner, der weiß, dass ein Tisch, der nicht wackelt, ein guter Tisch ist. Entscheidungsverfahren sind in unserer komplexen Unternehmenswelt schwierig geworden. Die eigenen Überzeugungen durchzusetzen ist vielleicht kraft der Position oft möglich, es stellt sich aber die Frage, ob es auch immer sinnvoll und richtig ist. Nicht jeder, der einer anderen Meinung ist, hat einen Sachverhalt nicht verstanden oder verfolgt persönliche Interessen.

Qualifizierte Mitarbeiter, die wir durch unsere Kompromisslosigkeit vergraulen, werden nicht arbeitslos. Sie gehen zur Konkurrenz. Sie nehmen nicht nur ihre fachliche Kompetenz mit, sondern sie werden auch ihr Insiderwissen dazu nutzen, an ihrem künftigen Arbeitsplatz gute Arbeit zu leisten. Um ein Unternehmen für Mitarbeiter attraktiv zu halten, ist es wichtig, deren Sichtweisen und Vorschläge ernst zu nehmen. Wo nicht die optimale Lösung für alle gefunden werden kann, müssen von allen Seiten Zugeständnisse gemacht und ein Kompromiss gefunden werden. Vielleicht eine Zwischenlösung, mit der alle Beteiligten leben können und nicht nur diejenigen, „die das Sagen haben“.

Die eigenen Ansichten in Frage stellen zu können, ist eines der höchsten Güter, das man auf eine Führungsebene mitbringen kann. Wir zollen dadurch anderen Haltungen und Ideen (und den Menschen, die dahinter stecken) Respekt, indem wir uns auf unser Gegenüber einschwingen.

Beide Seiten haben so die Möglichkeit, ihr Gesicht zu wahren und im wahrsten Sinn des Wortes kooperativ zu arbeiten. Wir neigen uns dem Mitarbeiter zu und ermöglichen somit, dass er sich von seiner Seite aus unserem Standpunkt zuneigen kann. Sich neigen (und in diesem Sinne biegen), bedeutet keinen Verlust an Macht, weil wir vielleicht unsere Sicht der Dinge nicht durchgesetzt haben. Im Gegenteil: Wir beweisen damit Sachlichkeit und Respekt vor der Meinung anderer.
Mit der Brechstange erreichen wir zwar, was wir wollen, aber „gebrochene" Mitarbeiter sind keine guten Mitarbeiter.

What to do?

Suchen Sie den Punkt „in between". Wo können Sie sich mit ihrem Gegenüber treffen, dass beide Seiten mit dem Ergebnis leben können?

Grobe Säcke kann man nicht mit Seide nähen

Ein Seidenhemd allerdings auch nicht mit Hanf! Die Mittel müssen im Verhältnis stehen zu dem Ziel, das ich verfolge. Einen platten Autoreifen werde ich nicht mit Glacéhandschuhen wechseln, eine große Kalkulation nicht mit dem Rechenschieber machen und eine Eiche werde ich nicht mit der Pipette gießen. Wenn ich auf ein brisantes Problem hinweisen möchte, dann werde ich nicht zaghaft meine Hand heben, sondern mit lauter Stimme meine Fragen in die Runde werfen, wenn ich mir Gehör verschaffen will. Ich lasse es nicht zu, dass man mich immer wieder versucht „abzuwürgen“, sondern hake „grob“ nach. Diese Auswahl der Mittel gilt auch für den Umgang mit Mitarbeitern. Das Unternehmen, in dem ich tätig bin, verarbeitet Metall und stellt große Anlagen her. Dort wird sowohl mit Führungskräften, Ingenieuren, Verwaltungsleuten als auch mit Baustellenleitern, Vorarbeitern und einfachen Arbeitern zusammen gearbeitet, die tagtäglich, womöglich bei Wind und Wetter, schwer arbeiten. Da es fast nur Männer in diesem Bereich gibt, bin ich froh um jede Frau, die bei uns beginnen möchte. Viele der Mitarbeiter kenne ich seit ihrem ersten Arbeitstag und es ist wichtig, den Kontakt zu ihnen zu halten. Die Gespräche mit den Arbeitern unterscheiden sich natürlich deutlich von den Gesprächen, die ich mit den „Schreibtischtätern“ führe. Ich habe keine Berührungsängste und ziere mich nicht. Unser Umgangston ist sozusagen rau aber herzlich und bildet eine gemeinsame Ebene, auf der ich direkt und unmissverständlich ausdrücken kann, was ich zu sagen habe. Umgekehrt bekomme ich in dem gleichen Ton zu hören – und verstehe ihn -, „wo der Schuh drückt“.

Eine gemeinsame Sprache, die uns zusammenbringt und die uns gegenseitig verstehen und respektieren lässt. Der gleiche Ton würde eine Sachbearbeiterin vielleicht erbost die Flucht ergreifen lassen.
Als Führungskräfte müssen wir uns auf die Menschen einstellen, mit denen wir es zu tun haben. Wollen wir etwas mit ihnen bewegen, dann müssen wir eine Sprache finden, die sie verstehen. Diese Sprache ist von Mensch zu Mensch verschieden. Die Kunst, diesen verbalen Seilakt zu bestehen, gehört für mich mit zu den wichtigsten Bestandteilen des Repertoires von Personalverantwortlichen.

What to do?

Wer sitzt vor Ihnen und was wollen Sie diesem Mitarbeiter sagen? Wählen Sie eine Sprache, in der er Sie versteht. Benutzen Sie seine Bilder und gehen Sie auf seine Lebens- und Arbeitssituation ein.

Ein goldener Sattel ist viel wert, aber er macht aus einem Esel noch kein Pferd

Ja, ich hatte es damals lange und aufmerksam beobachtet. Den jungen IT-Fachmann in unserem Haus, der immer wie aus dem Ei gepellt bei Besprechungen erschien, seine teuren Schreibutensilien vor sich ausbreitete und durch seine Designerbrille in die Runde lächelte. Mit seinem „Großen-Buben-Charme" hatte er alle in seinen Bann gezogen. Die Sekretärinnen schnurrten um ihn herum und viele meiner Kollegen und Kolleginnen fanden ihn „einfach genial". Egal, was er sagte, auch wenn er gerade mal nichts sagte. Früher hätte man so einen Menschen einfach „Schaumschläger" genannt, aber in unserer heutigen Zeit, wo uns Image-Werte in ganzseitigen Anzeigen tagtäglich diktiert werden, dürfen solche Leute wirken ohne zu wirken. Sind Sie jetzt kurz über den letzten Satz gestolpert? Das macht nichts. Gönnen Sie mir dieses kleine Wortspiel. Ich meinte: Sie wirken (sie ziehen unser Interesse auf sich) ohne zu wirken (sie sind nicht effektiv). Alles klar?

„Es ist eine Frechheit!", erboste sich ein Kollege. „Da rackere ich mich bis zum Umfallen für die Firma ab, schiebe Überstunden noch und nöcher, kenne den Laden in- und auswendig und was passiert? Man setzt mir diesen Schnösel vor die Nase, der nichts anderes tut, als schöne Reden halten und der Rest bleibt für mich!" „Bleib ruhig!", beruhigte ich den Kollegen. „Wenn's Heißluft ist, wird sie abkühlen." Und so war es dann auch. Erst wurde der Neue noch wie ein Pokal vorgeführt, doch bald schon bekam er blinde Flecken, die auch sein perfektes Auftreten nicht

mehr überdecken konnte. Zunächst setzte man ihm jemand an die Seite, was unsinnig und teuer war. Der Schein des Pokals wurde trotzdem gewahrt, bis es auch der letzte Aushilfspförtner wusste, mit welcher trüben Funzel man es zu tun hatte.
Dann war er plötzlich weg, sang- und klanglos. Die Verpackung hatte nicht gehalten, was sie versprochen hatte. Man tat so, als wäre das alles kein Thema, aber die Führungsetage war heilfroh, dass es einen Ersatz gab, der durch Kompetenz und Zuverlässigkeit ein gutes Bild abgab, ohne dass sein Erscheinen Lifestyle-Magazin-Ansprüchen entsprach. Das war die Stunde meines Kollegen.

What to do?

Lassen Sie sich bei Personalentscheidungen nicht blenden von gutem Auftreten und äußerem Glanz. Scheuen Sie sich nicht, genau nachzuschauen, ob der Inhalt der Verpackung entspricht.

Wer sich ertränken will, findet überall Wasser

Ich möchte Ihnen nochmals herzlich danken, dass Sie mich damals ermuntert haben zu kündigen!", lautet der letzte Satz eines Briefes, den mir ein früherer Mitarbeiter geschrieben hatte. Ich erinnere mich noch gut an den jungen, dunkelgelockten Mann. Er war ein cleverer Betriebswirt, der es in keiner Abteilung lange ausgehalten hatte. In regelmäßigen Abständen war er in der Personalabteilung aufgetaucht und hatte um ein Gespräch gebeten. Ob es denn nicht noch andere Möglichkeiten für ihn gäbe, war seine regelmäßig gestellte Frage. Die gab es schon! Und ich ermöglichte ihm auch einige Male einen Abteilungswechsel, der dann auch zunächst seinen Vorstellungen entsprach, bis er dann wieder „auf der Matte stand". Eine Versetzung machte irgendwann keinen Sinn mehr. Er fühlte sich bei uns einfach nicht wohl und alle Unstimmigkeiten und sein Unwohlsein in den jeweiligen Abteilungen waren einzig und allein Ausdruck davon, dass er eigentlich nach etwas suchte, was bei uns nicht zu finden war. Er hatte eine andere „ideale Betriebstemperatur" als die, die in unserem Unternehmen herrschte. Ich riet ihm zu gehen. Schweren Herzens, denn er war fachlich gesehen ein guter Mann. In unserem letzten Gespräch wurde auch ihm klar, dass in jeder neuen Tätigkeit und in jedem neuen Arbeitsbereich die alten Probleme auf ihn warten würden und seine Unzufriedenheit, die er in sich trug, geweckt werden würden. Das Unternehmen war sozusagen nur der Boxring für einen Kampf, den er mit sich selber austrug. „Was wollen Sie wirklich?", fragte ich ihn damals und er antwortete mir nach einigem Nachdenken, dass er eigentlich mit Menschen arbeiten wollte. „Das ist in unserem Geschäftsbereich leider nur in gewissem Rahmen möglich und den kennen Sie doch!“, erwiderte ich ihm. Er nickte nur und ich erinnere mich noch an seinen schweren Schritt, als er nach dem Gespräch mein Büro verließ. Ich spürte seine Angst vor der Zukunft. – Aber die folgende Entscheidung war gut. Der Brief, den ich vor einigen Monaten von ihm erhielt, trug den Poststempel einer Ferienanlage in Spanien, wo er nach seinem Ausscheiden bei uns eine neue Stelle als Manager gefunden hatte. Dies war für ihn der richtige Weg,

What to do?

Hören Sie genau hin, wenn Mitarbeiter regelmäßig und wegen unterschiedlicher Gründe zu Ihnen kommen, um sich zu beschweren. Oft liegt dann eine Problemverschiebung vor. Versuchen Sie gemeinsam mit dem Mitarbeiter den wirklichen Grund der Unzufriedenheit zu finden und diesen zu beheben.

In großen Wassern fängt man große Fische

Wer Angler ist, wird dies verstehen. Es macht einen Unterschied, ob ich mit einem Boot aufs Meer rausfahre und nichts als Himmel und Wasser um mich habe und dort meine Fische fange oder ob ich auf einer Waldlichtung sitze und meine Angel in einen Baggersee hänge. Das eine wie das andere hat seine schönen Seiten. Das eine beeindruckt durch Weite und Unwägbarkeit, das andere durch Ruhe und Geborgenheit. Im Meer wird man keine Forelle angeln und wer einen Thunfisch fangen möchte, der ist am See am falschen Ort. Man muss wissen, in welchen Gewässern man welche Fische fangen kann und will. In der Personalarbeit ist es nicht anders, wenn wir neue Mitarbeiter suchen. Man muss wissen, wo man welche Mitarbeiter finden kann. Man kann sich in „großen Wassern" umschauen, wie Internet und überregionalen Tageszeitungen, um „große Fische" zu orten oder man kann kleine Wasser wie lokale Tageszeitungen durchforsten, um „kleine Fische" an die Angel zu bekommen. Es gibt Vermittlungsbüros, die auf ganz besondere Arten von Fischen spezialisiert sind und es gibt die „Headhunter", die die besonders großen Fische selber fangen und weiterverkaufen. Wenn man dann einen Fisch ausgemacht hat, kommt es darauf an, im telefonischen Erstkontakt schnell herauszufinden, ob die beiden Seiten zusammenkommen und ob sich ein Kennenlernen lohnt. Fachliche Kompetenz und Menschenkenntnis sind die Netze, mit denen ein guter Personalleiter auf Fischfang geht. Er muss damit umgehen können, wenn sein Netz vielleicht einmal leer bleibt und einschätzen können, was er benötigt, um die unterschiedlichen Fische an Land zu ziehen. In den „Wassern“ der Personalsuche ist der Artenreichtum sehr groß: Dort gibt es Thunfische (sehr nahrhaft), Delphine (äußerst intelligent), Sardinen (am besten in Öl), Zierfische (hübsch, aber ungenießbar), Seepferdchen (Vorsicht, Artenschutz!) und viele mehr. Manchmal geht einem auch ein gefährlicher Raubfisch ins Netz oder ein alter Schuh hängt an der Angel. Wichtig ist es für einen Personalleiter, schnell zu erkennen, von welcher Art der Fisch ist, den er an der Angel hat, ob es sich lohnt, ihn an Land zu ziehen oder ihn besser wieder ins Wasser zu werfen. Mich hat die Vielzahl der Menschentypen schon immer fasziniert und diese Faszination bildet eine der Grundlagen für meine Arbeit.

What to do?

Personalverantwortung gehört in die Hände von Menschen, die mit Menschen umgehen können. Das Personal ist das größte Potential eines Unternehmens und verdient es, sorgfältig ausgewählt und gut betreut zu werden.

Wie man sich bettet, so liegt man

Vertrauen ist gut, Kontrolle ist besser" pflegte einer meiner früheren Professoren bei allen möglichen und unmöglichen Gelegenheiten zu sagen. Bei vielen Menschen gehört diese Redensart zum Repertoire und zuweilen macht sie sicher Sinn. Ich habe ihn meine Arbeit mit Menschen betreffend auf den Komposthaufen für unbrauchbare Sprüche geworfen. Dort soll er erst einmal vermodern und sich inhaltlich verändern, bevor er weiter meinen Umgang mit Mitarbeitern „düngt". Menschen ständig zu kontrollieren, bedeutet in der Tat, ihnen nicht zu (ver)trauen und sie letztlich zu entmündigen. Mitarbeiter, die übermäßig kontrolliert werden, werden auch keine Verantwortung übernehmen.

Ich kenne den Fall einer großen europaweit tätigen Aktiengesellschaft, in deren Holding einige sehr kreative Köpfe sitzen, die ihre Aufgaben manchmal unkonventionell aber fast immer mit großem Erfolg erfüllen. Vor einigen Monaten ist die Geschäftsführung nun dazu übergegangen – man höre und staune –, eine Art Stechuhr einzuführen, mittels derer diese hochbezahlten Führungskräfte ihren Arbeitszeitnachweis erbringen sollen. Die Verwunderung war groß und gipfelte nach kurzer Zeit in Empörung. Es nutzte nichts, man behielt die einmal eingeführte Regelung ohne schlüssige Begründung bei. Es entstanden Spekulationen darüber, was denn die Gründe für eine solche Maßnahme sein könnten. Und es entstand der Verdacht, dass sich die Geschäftsführung vielleicht des Öfteren bei Entscheidungen und neuen Projekten einfach übergangen gefühlt hatte, weil man sich den Segen gleich vom Vorstand geholt hatte, zu dem ein „dicker Draht" bestand. Die Stechuhr war sozusagen das Signal: „Hallo, wir sind auch noch da!" Die Folge dieser Maßnahme ist nun allerdings, dass die Mitarbeiter dazu übergegangen sind, ihre Arbeitszeit bis auf die zweite Stelle hinterm Komma abzurechnen und nicht mehr zu tun, als in ihren Verträgen steht. Was vorher lustorientiert geschah und zu guten Ergebnissen geführt hatte, ist nun zu reiner Pflichterfüllung verkommen, die dazu führt, dass bei nicht wenigen der Manager Samstag morgens die FAZ auf dem Frühstückstisch liegt, um auf bessere Alternativen hin durchforstet zu werden.

What to do?

Vertrauen Sie darauf, dass Ihre Mitarbeiter gewillt sind, ihren Job gut zu machen und geben Sie ihnen so viel Freiraum wie möglich und so wenig Kontrolle wie nötig.
Jeder Vorgesetzte hat auf Dauer die Mitarbeiter, die er verdient!

Kein Sattel passt auf jeden Rücken

„Ich habe lauter ausgezeichnete Leute in meinem Betrieb", meinte kürzlich ein mittelständischer Unternehmer am Rande eines Seminars zu mir. „Und trotzdem bin ich nicht zufrieden. Ich habe das Gefühl, dass ich die Kapazitäten nicht ausschöpfe." In dem folgenden Gespräch kam zutage, dass eine Umstrukturierung in der Firma zu diversen Personalwechseln innerhalb des Unternehmens geführt hatte und nach einigem Nachfragen stellte sich heraus, dass dabei einige Mitarbeiter an einem Schreibtisch gelandet waren, der offenbar nicht ihren Möglichkeiten voll entsprach.

So wie nicht jeder Sattel auf jeden Pferderücken passt, so passt auch nicht jeder Mitarbeiter an jeden Schreibtisch. Ein Experte, dessen Spezialgebiet die Kalkulation von großen Bauprojekten ist, wird seine Arbeitskraft nicht entfalten können, wenn er die Leitung der Materialbeschaffung übernehmen soll. Der Sattel wird auf seinem Rücken hin- und herrutschen und am Ende ist sein Rücken wund gescheuert. Von solch einem „geschundenen" Mitarbeiter ist weder Engagement noch Innovation zu erwarten. Wenn Sie einen überzeugten Außendienstler in den Innendienst „verbannen", weil es dafür vielleicht betriebsinterne gute Gründe (man nennt sie auch Sach-Zwänge!) gibt, dann können Sie damit rechnen, dass Ihnen eine Menge Motivation und Arbeitsleistung verloren geht. Denn Sie sperren – bildlich gesprochen – einen bunten Vogel in einen Käfig. Und wenn der Vogel dann nicht mehr singt und Sie immer noch nicht erkennen, dass hier etwas nicht stimmt, dann kann es gut passieren, dass Sie bald nur noch ein blasses Huhn in Ihrem Käfig

sitzen haben. Und was von Hühnern in Käfighaltung zu erwarten ist, darüber sind wir uns wohl alle einig: Wenig!
Den richtigen Menschen an den richtigen Platz zu setzen und mit der richtigen Aufgabe zu betreuen – den richtigen Sattel für das richtige Pferd zu finden –, das erfordert Fingerspitzengefühl und Kombinationsgabe. Menschen sind keine Massenware. Je genauer Sie die besonderen Fähigkeiten jedes einzelnen Mitarbeiter kennen, desto besser werden Sie diese für Ihr Unternehmen oder Ihre Abteilung nutzen können. Ihre Mitarbeiter werden Ihnen diese Form von Aufmerksamkeit danken, weil sie spüren, dass nicht nur Output zählt, sondern dass sie und ihre Fähigkeiten respektiert werden.

What to do?

Schauen Sie sich Ihre Mitarbeiter genau an, bevor Sie am „Personalkarussell" drehen, damit keiner am falschen Platz landet. Mitarbeiter, die sich nicht selbst verwirklichen dürfen, verbreiten nicht nur schlechte Stimmung. Sie werden auch den an sie gestellten Leistungsanforderungen nicht mehr gerecht.

Auf einen schiefen Topf gehört ein schiefer Deckel

Können Sie sich an den Film „Kohlhiesls Töchter" erinnern oder liegt er noch vor Ihrer Zeit? Wenn Sie ihn nicht kennen, auch nicht schlimm. Der Kern der Geschichte ist schnell erzählt. Der Film handelt von zwei Schwestern – die eine hübsch und charmant, die andere kantig und grob. Die Hübsche hat eine lange Reihe von Verehrern, die Grobe zunächst keinen. Das ändert sich natürlich im Lauf der Geschichte, wie sich das für einen Fünfziger-Jahre-Film gehört. Auch die Hässliche findet einen zu ihr passenden Mann. „Für jeden Topf gibt es einen Deckel", das ist die Moral der Geschichte.

Da wir es in Unternehmen mit sehr unterschiedlichen Menschen zu tun haben, kann es keinen Führungsstil geben, der auf alle anwendbar ist. Wir müssen uns als Führungskräfte sowohl auf die geraden als auch auf die schiefen Töpfe einstellen und zusehen, welche Suppe wir mit ihnen kochen können. Dies kann bedeuten, dass wir an die Fähigkeiten eines kauzigen Mitarbeiters glauben, obwohl alle Anzeichen dagegen sprechen. Vielleicht ist es in diesem Fall die Kunst, zu erkennen, dass dieser Mitarbeiter einen anderen Umgang benötigt, als wir ihn in den Standardwerken für Mitarbeiterführung nachlesen können. Führung bedeutet heute, situativ zu agieren, unter Berücksichtigung des Personalpools, der mir zur Verfügung steht. Es ist ungünstig, wenn ich beispielsweise einen superpeniblen, stillen Konstrukteur mit einer „Wuchtbrumme" in einen Raum setze, die zunächst einmal mit tausend Skizzen um sich wirft, bevor sie Nägel mit Köpfen macht. Beide haben sicherlich ihre Qualitäten, aber zusammengepfercht in einem Raum werden sie sich gegenseitig durch ihre unterschiedlichen Arbeitsweisen viel Energie abzapfen, die dem Betrieb dann verloren geht. Die Entscheidung, die beiden Mitarbeiter in einem Raum unterzubringen, mag dann noch so sinnvoll für den reibungslosen Arbeitsablauf sein. Wenn die Chemie zwischen den beiden nicht stimmt, dann werden sie unter diesen Umständen auch nicht mehr ihr Potential entfalten können. Einen schiefen Topf abzuschleifen, kann andererseits bedeuten, dass Sie einem Mitarbeiter das nehmen, was ihn kostbar für Sie macht.

What to do?

Schauen Sie sich Ihre Mitarbeiter an. Überlegen Sie sich gut, wen Sie mit wem zusammenbringen. Zwei können sich gegenseitig befruchten oder aber entsaften. Manchmal muss man Verschrobenheiten von Mitarbeitern in Kauf nehmen, um von ihrer Qualität profitieren zu können.

Jenseits des Baches wohnen auch Leute

In vielen großen Unternehmen befindet sich eine hauseigene Druckerei, die die großen Vervielfältigungsaufträge für die einzelnen Abteilungen ausführt. Das entlastet die Bürokräfte sehr, da diese so ihre Arbeitstage nicht damit verbringen müssen, stundenlang am Kopierer zu stehen. Die Studenten freuen sich, wenn Sie nach einem Praktikum ihre Diplomarbeit nicht nur schreiben, sondern diese auch gleich binden lassen können. Und für uns Führungskräfte ist es praktisch, dass Vortrags- und Seminarunterlagen schnell vervielfältigt werden können.

Natürlich sind die Aufträge, mit denen man dort vorspricht, immer „brandeilig" und sollen „lieber gestern als heute" fertiggestellt werden. Der Drucker rollt schon mit den Augen, wenn mal wieder einer hektisch die Tür aufstößt, in der Hand einen Packen Manuskriptseiten, die als Hand-out unter die Leute gebracht werden wollen. „Ich tue, was ich kann", lautet seine lakonische Antwort auf überstürzte Anfragen. „Wie kommt es nur, dass alles immer so besonders eilig ist?", murmelt er hinter uns her, wenn wir wieder gehen.

Tja, wie kommt es? Auch wenn wir wichtige Aufgaben wahrnehmen oder zentrale Positionen im Unternehmen besetzen, sind wir nicht der „Nabel der Welt". Wenn wir manchmal tagelang an einem Skript gearbeitet und Materialien zusammengestellt haben, dann heißt das noch lange nicht, dass in anderen Büros nicht auch etwas passiert wäre, was seine Bedeutung hat. Auch wenn uns das in solchen Momenten nicht so erscheinen mag, weil wir vielleicht sehr konzentriert gearbeitet haben, ohne nach rechts und links zu schauen. Unsere Sache ist uns ein besonderes Anliegen, hat unser (Arbeits-)Leben eine Zeit lang ausgefüllt und es ist besonders dringlich das Ganze nun auch praktisch zu einem Abschluss zu bringen. Wir können uns gar nicht vorstellen, dass jemand andere Prioritäten haben könnte.

Wir sind in dieser Druckerei, in diesem Unternehmen, auf diesem Erdball nicht alleine. Es gibt dort auch noch andere Menschen. Sich daran zu erinnern, ist wohltuend, wenn wir wieder einmal ungehalten reagieren, weil etwas nicht so klappt, wie wir es uns vorstellen. Zurückstecken ist nicht immer einfach, aber es zeigt, dass wir begriffen haben, dass es außer der ersten Geige auch noch andere Instrumente gibt, die zum vollen Klang eines Orchesters beitragen.

What to do?

Zeigen Sie Respekt vor anderen Menschen und menschliche Größe dadurch, dass Sie sich nicht qua Position in die erste Reihe drücken. Mit dieser Einstellung wird man Ihnen gewogen sein und alles wird von alleine einfacher gehen.

Vom Schürfen und Schütteln, vom Prüfen und Fördern

Im Untergrunde liegt das Gold

Wer sich intensiv mit Menschen beschäftigt, der kann das bestätigen. In den zahlreichen Einstellungsgesprächen, die ich während meiner Tätigkeit in diversen Personalabteilungen zu führen hatte, lernte ich, dass der erste Blick nicht alles über einen Menschen aussagt. Wir bekommen lediglich einen Impuls – den ersten Eindruck –, den es auch ernst zu nehmen gilt. Doch zwischen den Zeilen und manchmal auch in Abschweifungen vom eigentlichen Thema des Gespräches lassen sich Informationen über den gegenübersitzenden Menschen finden, die wir auf Anhieb nicht vermutet hätten. Da kommen dann oft Überraschungen zutage, zeigen sich Qualitäten, die vielleicht nicht in direktem Zusammenhang mit der ausgeschriebenen Stelle stehen, von denen wir aber für unser Unternehmen profitieren können, wenn wir es verstehen, daraus Nutzen zu ziehen. Wir hatten diesen Menschen anfangs nicht so eingeschätzt, hätten ihm „das" nicht zugetraut. Jeder Mensch hat viele Facetten, die er in unterschiedlichen Kontexten von sich zeigt. Es erfordert eine Portion Neugier und Interesse, manchmal auch Geduld, wenn wir diese Nuancen kennen lernen wollen. Als Vorgesetzter ist es gut, immer ein wenig auch Goldsucher zu sein, um unter der spröden und zerklüfteten Oberfläche mancher Mitarbeiter ein Nugget zu finden. Das kann unter anderem dann wichtig werden, wenn es um betriebsinterne Weiterbildungsfragen geht. Wo liegen die Fähigkeiten meiner Mitarbeiter, die man noch weiterentwickeln könnte? Gibt es vielleicht etwas im Leben dieser Menschen, das sie noch besser können, als das, was sie bislang in ihrem Arbeitsalltag zeigen konnten?

In meiner Abteilung sprach einmal ein junger Controller vor, der neben seiner ausgesprochenen Teamfähigkeit auch eine ganz besondere Einfühlungsgabe zeigte. Es interessierte mich, wie er dazu kam. War er ein Naturtalent oder hatte er sich diese Fähigkeit zu Empathie angeeignet? Nach einigen intensiven Gesprächen mit ihm wusste ich Bescheid. Der junge Mann interessierte sich seit Jahren für Psychologie und las in seiner Freizeit entsprechende Literatur und besuchte Seminare. Heute arbeitet er in unserem Unternehmen nicht mehr als Controller, sondern bildet diese in der Personalentwicklung weiter. Er bringt ihnen bei, wie man Zahlen und Seelen gleichermaßen respektiert. In seinem Fach ist er einer der besten. Aber ohne mein „Goldfieber" hätte ich dieses Gold nie gefunden.

What to do?

Machen Sie es zu einem Grundsatz: In (fast) jedem Menschen steckt mehr, als man auf Anhieb wahrnehmen kann. Machen Sie sich auf die Suche nach dem gewissen „Etwas" und Sie werden reich entlohnt werden.

Man kann die Birke noch so lange schütteln, es fallen keine Nüsse herab

Und dennoch versuchen das viele Menschen, sinnbildlich gesehen, Tag für Tag. Getrieben von dem Wunsch, das etwas so zu sein hat, weil es so sein soll und etwas nicht sein kann, weil es nicht sein darf, wird an Dingen und Menschen herumgeschoben und gezerrt, dass es einem manchmal graut, wenn man von außen draufschaut. Berater werden eingeschaltet, neue Strategien ent- und verworfen, Ressortleiter ausgetauscht und Abteilungen zusammengelegt. Konzepte wandern von einem zum anderen Mitarbeiter. Das Ergebnis ist immer das gleiche, nämlich, dass etwas nicht „passt". Auf anderer Ebene versuchen Führungskräfte in wechselnden Unternehmen ihr Glück im Management, obwohl ihnen vielleicht gerade die Branche gar nicht liegt. Erhoffte Synergieeffekte bleiben aus.

Aus einem ausgesprochenen Einzelkämpfer werden Sie keinen Teamleiter machen, der seine Mannschaft mit seinem Gemeinschaftskonzept begeistern kann. Aus einem noch so guten Verkäufer wird kein Vertriebsstratege, wenn sie ihn nur hinter den Schreibtisch verbannen und ihm den Kontakt zu seinen Kunden nehmen.

Eine Birke kann selbst bei Regen Wärme spenden, denn Birkenholz ist das einzige Holz, das auch brennt, wenn es nass ist. Ein Nussbaum gibt uns wohlschmeckende Nüsse, sein Holz wird aber nicht brennen, wenn es feucht ist. Warum also sich nicht an den Nüssen erfreuen und die Wärme des Birkenholzes im Kamin genießen? Jeder Baum hat seine

Qualitäten, so wie jeder Mensch. Wir müssen sie nur erkennen, dann können wir sie in unserem Sinne nutzen. Wenn wir das annehmen, was vorhanden ist, dann werden wir beschenkt. Wenn wir etwas fordern, was unser Gegenüber nicht geben kann, weil es für ihn nicht leistbar ist, dann erhalten wir am Ende gar nichts. Wir haben einen verstörten, frustrierten Mitarbeiter.

What to do?

Nörgeln Sie nicht an dem herum, was ein Mitarbeiter an Fähigkeiten nicht mitbringt. Setzen Sie den Fokus auf das Können und die Qualitäten ihres Mitarbeiters und geben Sie ihm die Aufgaben, die für Sie und das Unternehmen am gewinnbringendsten sind.

Man kauft die Katze nicht im Sack

Sondern man schaut mal hinein in den Sack, ob es überhaupt eine Katze ist, die sich dort befindet. So haben es schon unsere Vorfahren gehandhabt. Wenn etwas für Heim und Hof erstanden werden sollte, dann wurde vorher sorgfältig hinterfragt, was für welchen Zweck geeignet war. Dann wurden die angebotenen Waren hinsichtlich der Qualität, der Brauchbarkeit und ihrer Eignung überprüft.
Etwas einzukaufen, ohne den Nutzen zu überprüfen, macht auch unternehmerisch wenig Sinn. Das klingt so selbstverständlich, dass es fast banal erscheint. Dennoch kommt es, genauer betrachtet, häufiger vor als wir denken.
Wenn Sie zum Beispiel bei Ihrer Geschäftsleitung ein Kommunikationstraining für die Sekretärinnen ihrer Abteilung durchsetzen, ist das sehr löblich. Die Frage ist nur: Brauchen ihre Mitarbeiterinnen auch tatsächlich diese Art von Training? Welche Art von Kommunikation genau wird angeboten? Werden allgemeine oder spezifische Fähigkeiten geschult, deren Nutzen ihrer Abteilung zugute kommen? Viele Führungskräfte wollen mit solchen Fragen nichts zu tun haben. Sie verlassen sich auf den guten Eindruck von Hochglanzbroschüren, ohne einmal genauer nachzufragen oder delegieren gleich an eine Mitarbeiterin, die die Sache „ohne große Worte übernimmt“. Hauptsache geschult! „Und dass mir keine Klagen kommen!“ Oft genug wird durch solche Nachlässigkeit am Bedarf vorbeigeschult. Die Sekretärinnen bräuchten vielleicht eher ein Telefontraining, weil sie am Telefon immer wieder mit nörgelnden Kunden zu tun haben, anstatt ein Seminar über Gesprächsführung. Oder die

Nachwuchsriege eher ein Verkaufstraining als eine Rhetorikschulung. Personalentwicklung macht nur dann Sinn, wenn Trainingsbedarf und Trainingsprogramme auch zusammenpassen. Um dies zu erkennen, müssen wir beide Seiten kennen. Eine Weiterbildung kann eine wertvolle Ergänzung der Mitarbeiterqualifizierung oder aber verschwendete Zeit sein. Sie haben die Wahl!

What to do?

Informieren Sie sich umfassend nach beiden Seiten: Fragen Sie Ihre Mitarbeiter, wo sie selbst ihre „Lücken" sehen und „schneidern" Sie mit den Seminaranbietern die entsprechenden Veranstaltungen „maß". Die aufgewendete Zeit ist sinnvoll verbracht und wird Früchte bringen.

Da ist gut Fuhrmann sein, wo es eben geht

Immer wieder hatte ich in meiner beruflichen Laufbahn mit „Experten“ zu tun, die wunderbare Ratschläge oder Verbesserungsideen parat hatten. So lange der Laden mehr oder weniger rund lief und die anliegenden Probleme eher klein und leicht zu lösen waren, verschaffte ihnen das oft den Ruf, kompetent, kreativ und effektiv zu arbeiten. Irgendein „Eselsohr“ hatten sie immer gefunden, das dank ihrer Intervention glattgebügelt werden konnte. Sobald es aber wirklich um die „Wurst“ ging, wenn der Karren im Dreck feststeckte, es in einer Abteilung wirkliche Probleme zu lösen galt, dann waren sie „aus terminlichen Gründen“ nicht verfügbar.

Es ist leicht, dort zu beraten, wo ein Rat eigentlich überflüssig ist. Und es ist schön, sich mit dieser Tätigkeit zu schmücken und seiner Referenzliste einen vielleicht wohlklingenden Firmennamen hinzuzufügen. Wenn also Unternehmensberater in Ihre Abteilung kommen und sich mit der Beratung großer Firmen *brüsten*, dann haken Sie doch einmal genauer nach. Worum war es bei diesem Consulting eigentlich gegangen? Lag ein konkretes Problem vor? Eine Krise? Wo und wann konnten der Berater unter Beweis stellen, dass sie nicht nur ein Gefühl für Zahlen und Fakten hatten, sondern auch für Menschen und deren Zusammenspiel. Gab es etwas zu schlichten und konnte der Berater zeigen, dass er wirklich vom Fach ist und auch komplizierte Strickmuster durchschaut? Lassen Sie sich also nicht von langen Referenzlisten blenden. Oftmals haben diese nur bedingt Aussagekraft über die Qualität der Beratung. Ich gehe bei Erstgesprächen mittlerweile sogar so weit, dass ich mich lieber nach den

Konflikten erkundige und wie sie gemeistert wurden, auch wenn ihre Lösung vielleicht nicht sofort zählbare Ergebnisse zur Folge hatten. Die großen Erfolge, wenn sie denn Erfolge waren, sprechen sowieso für sich. Jeder Berater, der Konflikte lösen kann, der Teams oder Abteilungen in dieser Hinsicht reorganisiert, wird auch wirtschaftliche Erfolge vorzuweisen haben. Doch nicht jede Erfolgsstory bürgt auch für Beraterqualität. Klappern gehört zum Handwerk. Genau hinhören und nachfragen auf der Gegenseite auch.

What to do?

Wenn es in Ihrem Arbeitsbereich Beratungsbedarf gibt, dann fragen Sie genau nach. Lassen Sie sich nicht nur Ergebnisse, sondern auch Prozesse schildern. Renommee allein ist noch kein Beweis für Qualität.

Alter Speck macht fette Suppen

Von den Köchen können wir viel lernen. Kein Koch würde eine Suppe mit magerem, jungen Speck ansetzen. Es bleibt uns ganz sicher auch die Metzgerei am längsten im Gedächtnis, bei der wir im Urlaub die schönen abgehangenen Würste, die ihr wahres Aroma im Alter entfalten, gekauft haben. Das sind die besten, das wissen wir genau. Sie haben die richtige Würze. Was in Küchen selbstverständlich ist und in Sterne-Restaurants goutiert wird, ist im unternehmerischen Bereich eher unüblich geworden: Mitarbeiter, die eine gewisse Altersgrenze überschritten haben, werden oft „ausgesondert", weil sie nicht mehr „up to date" sind.

Ältere Mitarbeiter haben aber nach meinem Dafürhalten für den „Geschmack", den „Gehalt" eines Unternehmens eine ganz besondere Bedeutung. Auf ihre Erfahrung stützt sich das Wissen, auf dem eine Firma baut. Auch im Zeitalter der neuen Medien. Sie haben bereits ihre Fehler gemacht und daraus gelernt, kennen die Zusammenhänge, die Strukturen des Betriebes und der Branche. Die Abfindungszahlungen, die ein Unternehmen in ältere Mitarbeiter steckt, die vorzeitig (und eventuell verärgert) ausscheiden, sind für das Unternehmen selbst verloren. Durch eine neue Führungsgeneration entstehen zudem zunächst einmal neue Kosten und die jungen Manager fangen in gewisser Beziehung bei Null an. Das bedeutet: Einarbeitungszeit, Schulungen, das Kennenlernen der Verhältnisse und Verbindungen usw. Die Auswirkungen sind nicht allein im Budget zu spüren, sondern auch bei der Rekrutierung neuer, junger Kräfte selbst, denn die Art und Weise, wie das Wissen älterer Mitarbeiter wertgeschätzt wird, hat auch eine Signalwirkung nach außen. Nämlich an potentielle neue junge Mitarbeiter, die schließlich über kurz oder lang auch einmal älter werden und dann Gefahr laufen genauso behandelt zu werden. Wer will das schon?

Altes Wissen zieht junges an. Mit altem Speck lockt man junge Mäuse. Ein Betrieb, der ältere Mitarbeiter beschäftigt, zeigt damit, dass es sich in diesem Unternehmen arbeiten und weiterlernen lässt. Der Umgang, den wir mit unseren älteren Mitarbeitern und deren Wissen pflegen, zeugt von zwischenmenschlicher Intelligenz und betriebswirtschaftlichem Denken. Wir machen uns das Wissen dieser Kollegen zunutze, indem wir beispielsweise durch Mentoring-Programme dafür sorgen, dass es innerhalb des Unternehmens bleibt und so seine Früchte trägt.

What to do?

Wo altes und junges Wissen zusammenkommen, ist eine gute Basis für Entwicklung und Tradition gegeben. Nutzen Sie die Ressourcen ihrer älteren und jüngeren Mitarbeiter, bringen Sie sie zusammen und machen Sie eine schöpferische Quelle für das Unternehmen daraus.

Aus einem Ackergaul man macht kein Rennpferd

Das sollte man auch erst gar nicht versuchen, selbst wenn es noch so verführerisch erscheint. Vielleicht denken Sie, so ein Ackergaul kostet nicht so viel wie ein Rennpferd, benötigt nicht die intensive Pflege wie ein solches und wenn man nur lange genug mit der Peitsche knallt, wird er schon rennen. Das wird er mit Sicherheit nicht. Und mir ist auch kein Fall bekannt, in dem mit einem Ackergaul ein Pferderennen gewonnen worden wäre.

Richtigerweise achten Personalmanager bei der Einstellung von Personal auf die Kosten. Ich weiß, es ist verlockend, sich in Zeiten von Kosteneinsparungen für die billigere Variante zu entscheiden. Da gibt es den Fall eines renommierten mittelständigen Verlages, der seine Pressestelle zu besetzen hatte. Bis zu diesem Zeitpunkt war die Pressearbeit mehr schlecht als recht im Lektorat „mitgelaufen". Der Verlag war gewachsen, man hatte die Wichtigkeit des Kontaktes zur Presse erkannt und sich dafür entschieden, einen Mitarbeiter einzustellen. Es gab ein breites Spektrum von Bewerbern. Angefangen von qualifizierten Bürokräften bis hin zu gestandenen Journalisten, die „die Seite wechseln" wollten. Auch das Spektrum der Gehaltsvorstellungen war entsprechend breit. Ein Journalist, der aus dem Pressewesen kommt und seine Verbindungen mitbringt, hat natürlich andere Honorarvorstellungen als ein Sachbearbeiter, der zwar auch schon eigenverantwortlich gearbeitet hatte, aber aus einer verlagsfremden Branche wechseln will. Man entschied sich am Ende für die billigere Variante. Der neue Mitarbeiter war sehr engagiert und zeigte eine hohe Bereitschaft, seinem neuen Arbeitsplatz gerecht zu werden. Die Büroorganisation war kein Problem, er war sehr kontaktfreudig und am Telefon versiert. Aber er musste praktisch von Null anfangen. Er lernte erst langsam die Presselandschaft kennen und war gezwungen, jeden Kontakt einzeln herstellen, indem er sich bei den einzelnen Redaktionen durchfragte. Es dauerte fast zwei Jahre, bis seine Arbeit Früchte zeigte. Es war frustrierend, für ihn und die Verlagsleitung, die sich von der Einrichtung der Pressestelle wesentlich höhere Verkaufszahlen versprochen hatte. Zwei Jahre, in denen er den Verlag zwar weniger gekostet hatte, als jemand, der das Metier schon kannte, aber der Nutzen dieser Jahre war auch weitaus geringer, als er es gewesen wäre, wenn man sich für den Fachmann entschieden hätte.

What to do?

Personalkosten niedrig zu halten ist sinnvoll und wichtig. Manchmal ist es aber notwendig die Kosten (und die Nutzen) mittelfristig hochzurechnen, damit am Ende keine „Milchmädchenrechnung" steht.

Beneide nie den ersten, denn der hat es am schwersten

Es ist sehr reizvoll, der Erste zu sein und ein Projekt ganz von vorne aufzuziehen. Es ist eine gute Möglichkeit, uns ein Profil zu geben und auf uns aufmerksam zu machen. Unser Abenteurerherz schlägt höher, wenn wir Neuland betreten und wir uns an neuen Aufgaben erproben dürfen. Wir spüren das Vertrauen, das unsere Auftraggeber uns entgegenbringen und fühlen uns geehrt. Die Kraft, die wir daraus schöpfen, wird uns zu neuen Gestaden führen.

Der Auftrag, eine neue Abteilung aufzubauen oder auch nur eine Idee, die wir bei einem Meeting erfolgreich vorgeschlagen haben und deren Realisation uns übertragen worden ist, ist erst der Anfang einer langen Reihe von Fragen, Versuchen, Fehlschlägen und zermürbenden Diskussionen, die auf dem Weg zum Erfolg liegen. Alles ist neu, das Feld liegt unbearbeitet und brach vor uns. Der Erste kann niemanden nach dem Weg fragen. Er wird eher Neid als Solidarität erfahren und deshalb selbst von Mitarbeitern und Kollegen keine Auskunft erhalten. „Soll er sich doch abstrampeln!“ heißt es dann. „Schließlich hat er sich doch um den Job gerissen!“ oder „Mir hat bei meinem Projekt auch keiner geholfen!“

Neue Wege zu beschreiten ist ungleich schwerer als auf ausgetrampelten Pfaden eingefahrener Managementsysteme zu gehen. Wer in seinem Unternehmen Veränderungen schaffen will, wird mit Unsicherheiten in Berührung kommen. Man hat eine Vision und muss sich selbst den Weg zum Ziel erschließen. Wie wohltuend, wenn sich dann Gesprächspartner finden, die sich vielleicht schon einmal in einer ähnlich einsamen Situation befanden und die sich für ein Gespräch zur Verfügung stellen. Diese

gegenseitige Unterstützung kann in einem Unternehmen zu einem Netzwerk wachsen, das wertvolle Dienste zu leisten vermag.
Als Vorgesetzter kann man dies unterstützen, indem man Solidarität und Kooperationsbereitschaft fördert und Neid und Missgunst auf den Index setzt. Ein Mentoring-Programm, bei dem altgediente Kräfte uneigennützig jungen Pionieren Schützenhilfe leisten, kann dabei ein Anfang sein.

What to do?

Schaffen Sie in Ihrem Unternehmen ein Klima, das die „Ersten“ ermutigt, weil sie sich der Unterstützung ihrer „Hintermänner“ gewiss sind.

Wir danken der

Literaturbetreuung
Christine Weiner Mannheim
für ihre anregende Unterstützung.

Wenn Sie weitere Informationen suchen oder mit den Autoren in Kontakt treten möchten, schauen Sie nach unter folgender Internetadresse:

www.media4dialog.com